세상에서 가장 소중한

# 아버지의 선물

최은경 지음

– 경제학자 최민기(崔敏其) 회고록 –

가림출판사

# 아버지 生의 흔적들

젊은 시절의 아버지 모습

유일하게 남아있는 가족 사진 한 장

아버지 첫 번째 수술 후
평소 좋아하시던 장미꽃 앞에서

수술 후 수척하신 모습의 아버지

옛날 집 앞에서
아버지와 막내인 나

오빠의 초등학교 졸업식에서

큰언니의 초등학교 졸업식에서

고등학교 때 오빠의 모습

우리 모두가 자라고
추억이 담긴
성북동 집

아버지와 동료분들의 모습

사랑하는 나의 아버지,
존경하는 나의 아버지,
아버지 당신을 죽을 만큼 사랑합니다

프롤로그

## 아버지를 그리워하는
## 막내딸이 바치는 사부곡

　아버지의 기일 40주기를 맞아서 아버지께 바치는 회고록을 쓰자는 생각은 오랫동안 간절히 간직해온 계획이었습니다. 하지만 막상 시작하자니 두려움이 앞섰습니다. 그래서 40주기를 넘기고야 말았습니다.

　아버지의 56년 삶에 대해 자식으로서 그 아쉬움을 어찌 일일이 다 풀어낼 수 있을까요. 무엇보다도 정작 당신 본인은 어떤 마음으로 이 세상과 작별을 하셨을지, 10살 때 아버지를 여읜 막내가 과연 그 마음을 제대로 헤아릴 수나 있을까 하는 걱정이 앞섭니다.

　그동안 어머니, 오빠, 언니들한테 들은 아버지 생전의 모습과 또 어머니나 오빠, 언니들이 간직한 아버지에 대한 추억은 제 기억들과는 조금씩 다릅니다.

　사람은 다면적입니다. 또한 같은 모습이라도 관계를 맺는 사람들에 따라 그 모습은 서로 다르게 읽혀지고 받아들여지고 기억

됩니다.

그러니 대여섯 살부터 열 살 때까지 제 기억에 각인된 아버지의 모습은 부분적일 수밖에 없습니다. 더구나 이후 제가 40여 년을 더 살아오면서 그때 기억 속으로 거듭 돌아가 다시 아버지를 만나면서 조금씩 새롭게 이해하고 헤아리게 된 아버지의 모습은 어쩌면 저만의 것일지 모릅니다.

제게는 한없이 자상하셨던 아버지. 10년이 50년으로 기억될 정도로 아버지의 사랑은 제게 끝이 없었습니다.

어머니나 우리 형제들 각자의 가슴속에서 아버지는 각기 다른 색깔과 향기로 살아 계실 것입니다.

또한 아버지의 삶에서 소중했던 분들도 저마다 약간씩은 다르게 아버지를 기억할 것입니다. 아버지께서 가르친 학생들에게 아버지는 어떤 선생님이었을까요. 은행에 다니시던 시절의 직원들에겐 어떤 동료였으며, 또한 어떤 아들이요, 동생, 형이었는지, 그리고 어떤 제자였으며, 어떤 친구였을까요.

그 다양한 빛깔과 향기로 이루어진 아버지의 모습들을 전체적으로 종합해서 56년을 살다간 제 아버지, 인간 최민기(崔敏其)를 그려낸다는 건 저로서는 역부족일 것입니다.

그러니 이 책은 회고록이라기보다는, 당신이 가시고 나서도 40여 년을 한결같이 제 가슴속에 살아 계신 아버지에 대한 막내딸의 그리움으로 채워지는 사부곡(思父曲)이라 해야 하지 않을까 생각합니다.

  또한 아버지에 대한 기억이 가장 많으시고 누구보다도 아버지를 잘 아시는 어머니, 외아들이기에 아버지의 기대를 받고 그 기대만큼 부자간에 회한이 많았던 오빠, 그리고 작년에 뉴질랜드에서 잠시 들어와 있던 효경 언니가 가진 추억과 그리움, 아쉬움의 기록이기도 합니다. 어머니나 오빠, 효경 언니의 기억과 마음까지도 막내인 저를 통해서 다시 한 번 걸러질 수밖에 없음을 이해해주시길 바랍니다.

  아버지,

  이제야 아버지께서 저에게, 우리 형제들에게 베풀어주신 사랑에 대한 보답으로 작은 선물을 하나 드리려 합니다.

  이젠 제가 아버지께 뭐든 다 해드릴 수 있는 입장이 되었는데도, 정작 아버지께서는 그 어떤 것도 필요하지가 않네요. 그래도 조금이라도 아버지께 돌려드리고 싶은 안타까운 마음을 덜어보고 싶습니다.

  세 차례의 수술로 몸과 마음이 지칠 대로 지치셨을 터인데도 계속 병마와 싸우면서도 당신은 동국대학교 강단을 떠나지 않으셨고, 조흥은행의 고문 역할도 소홀히 하지 않으셨습니다. 또한 여느 때처럼 밤늦게까지 손에서 책을 놓지 않으셨지요.

  그렇게 평생을 공부하시고 자신의 직분에 철저하셨던 당신의 모습을 닮아서인지 저도, 형제들도 각자 자기 가정과 일에 충실하면서 열심히 살아왔습니다.
　아버지, 당신은 어머니와 우리 5남매에게 서로 다른 삶의 향기와 추억을 남기고 떠나셨습니다. 그리고 당신이 생전에 그러하셨듯이, 우리 가족의 근원이자 우리를 묶어주는 당신의 품 속에서 저는 오늘도 살아갈 힘을 얻습니다.
　아버지, 당신을 죽을 만큼 사랑합니다.

2007년 12월
당신의 막내딸 은경 올림

## 차 례
CONTENTS

**프롤로그/**

아버지를 그리워하는 막내딸이 바치는 사부곡 _ 12

**1부/ 우리들의 가슴속에 살아계신 아버지 _ 18**

내게 살아갈 힘을 주시는 아버지 _ 20
아버지와 손잡고 나선 새벽 산책길 _ 23
아버지가 가르쳐주신 삶의 원칙들 _ 25
가장 사랑하며 존경하는 나의 아버지 _ 27
아버지의 삶, 56년 _ 29
아버지 병은 제가 고칠게요 _ 32
상처는 동시에 축복이기도 하다 _ 36

**2부/ 아버지가 물려주신 소중한 유산 _ 40**

당시 흔치 않았던 민주적인 가장 _ 42
가족회의와 아버지의 가르침 _ 45
좀 불편하더라도 검소하고 정직하게 살자 _ 48
철저한 훈련과 공부 점검 _ 52
상과 벌이 확실했던 아버지 _ 56
원칙을 고수하고 자식에 대한 기대감이 크면 외롭다? _ 60
아버지가 키워주신 조직화 능력 _ 63
아버지가 깎아주신 연필과 공부 계획표 _ 67

## 3부/ 공부가 취미이자 특기였던 경제학자 _70

경제학 논문 당선과 국립대학교 교수직 발령  _72
책 보는 게 취미였던 학자  _76
책 보면서 편두통을 이겨내던 희한한 체질  _80
아버지의 회전의자, 평생 공부해야 하는 어른들의 세계  _83
기역자로 굽은 오른쪽 넷째 손가락  _87
청년 가장의 은행원 생활과 일본 유학  _90
은행 지점장을 마다하고 대학교 강사가 되신 아버지  _93
성북동 옛집으로 귀환  _96
아버지는 스트레스를 어떻게 푸셨을까  _98
여보, 일 좀 그만 하세요  _101

## 4부/ 아들·남편·아버지로서의 삶 _104

일제 치하 가난한 농부의 아들  _106
동네 형들한테 업혀서 보통학교에 다닌 아이  _108
자기와의 치열한 싸움  _110
일본 유학생 출신 노총각과 노처녀 여선생의 결혼  _113
효자 아들과 결혼한 외동딸의 시집살이  _117
우리 집 전성시대에 닥친 시련  _120
오빠가 가장 행복했던 시절  _126
수술만 하면 나을 거요  _130
아버지를 앗아간 암세포  _134
부모가 잘한 거, 자식이 받는다  _137

## 에필로그/ 아버지, 당신은 참으로 위대하십니다 _141

우리의 삶은 모든 순간이 소중하지만,
아무래도 인생엔 저마다 가장 응축된,
가장 기억하고 싶은 삶의 일부분이 있는 것 같다.
나에겐 내가 기억할 수 있는 대여섯 살부터 열 살 때까지의
아버지에 대한 짧은 기억들이 그렇다.
그때, 아버지가 몸소 행동으로 보여주시면서 가르쳐주신
삶의 원칙들이 내 안에서 차츰 뿌리를 내리지 못했다면,
그 후 40년을 내가 어떻게 살아냈을까?

# 1부 / 우리들의 가슴속에 살아계신 아버지

## 내게 살아갈
## 힘을 주시는 아버지

　6년 전, 아버지가 묻히셨던 망우동 묘지에서 아버지의 남은 유골을 추려서 화장을 했다. 그때 할아버지, 할머니 유골도 같이 화장했는데, 화장을 하기 위해 아버지 무덤에서 관을 꺼내서 남아 있는 뼈들을 추려야 했다. 놀랍게도 아버지의 뼈는 골격이 그대로 있었다. 안심이 되면서 마음이 상당히 편안해졌다.

　추린 뼈들을 새로운 관에 넣어 염도 다시 했다. 다른 형제들은 외국이나 지방에 있어서 내가 인부들하고 그 모든 일을 같이 했다. 내가 좀 앳돼 보이는지, 여자 혼자 와서 그런지, 인부들은 놀라는 눈치였다.

　"어이구, 젊은 여자가 무섭지도 않아요?"

　"그러게 말이야."

난 희미하게 쓴웃음을 지었다.

"산 사람이 무섭지 죽은 사람이 무섭나요?"

아버지를 화장해서 벽제에 모시고 난 뒤로, 많이 힘들 때마다 난 으레 벽제로 차를 몰게 된다. 일 년에 대여섯 번은 찾아 가는 것 같다.

'아버지, 왜 이렇게 가끔은 사는 게 고달프죠?'

난 아버지한테 새삼스레 투정을 부리면서 내 힘든 사정을 털어놓으며 푸념도 하곤 한다. 그리고 나면 아버지는 내게 늘 비슷한 말씀을 해주시는 것 같다.

'은경아. 원칙대로 살아라. 나이가 들수록 자신한테 엄격하고 남한테는 관대해라.'

아버지 말씀을 제대로 따르기는 어렵지만, 그래도 아버지한테 갔다 오는 것만으로도 난 다시 힘이 생긴다.

내가 아버지를 간절히 필요로 할 때면 아버지가 먼저 나를 불러주신다는 것도 믿고 있다. 고 3때처럼 말이다. 그때 난 새벽 5시면 일어났는데, 그날은 너무 피곤했는지 잠에서 깨어나질 못하고 기상 시간을 넘겨버렸다.

"은경아."

그 소리에 난 벌떡 일어났다. 아버지랑 같이 새벽 산책을 나갈 때 내 방 앞에서 아버지가 부르시면 그랬던 것처럼.

"은경아."

날 부르시는 아버지의 자상한 음성을 두 번 정도는 들은 것 같다.

아버지가 돌아가신 후에는 어머니가 계속 일을 하시면서 우리 형제들이 별 탈 없이 공부에만 매진할 수 있도록 울타리가 되어 주셨다. 하지만 그 전에 10년 동안은 아버지가 나를 키우셨다. 그 후로도 늘 내 옆에서 지켜주시는 아버지의 영혼을 느꼈기에 난 그 힘에 의지해서 지금껏 살아왔다.

## 아버지와 손잡고 나선 새벽 산책길

"은경아."

어릴 적, 아버지가 내 방 앞에서 부르시던 그 소리에 나는 오뚝이처럼 벌떡 일어났다. 오빠도 그랬을 것이다. 추운 겨울에도 어김없이 이어지던 아버지와 오빠, 그리고 나의 새벽 산책.

아마도 언니들은 일찍 학교에 가야 하고, 또 늦게까지 공부하느라 잠이 부족하다고 생각하신 아버지는 언니들은 조금이라도 더 잠을 자게 배려를 하신 것 같다.

새벽 5시에 깨서 집 밖을 나서면 아버지는 한 손으론 내 손을, 또 한 손으론 오빠 손을 꼭 쥐셨다. 아버지 손에서 전해져오던 그 따스함. 그 따스한 손길은 으스스한 찬바람도, 아직 가시지 않은 졸음기도 단박에 날려버렸다.

아버지의 손을 꼭 잡고 오빠와 난 성북동 길을 내려와 약수터에 가서 운동도 하며, 아침을 맞았다. 아버지가 수업이 없는 날이면 낮에도 버스를 타고 남산 약수터까지 갔다 오기도 했다.

아버지가 새벽 산책에 우리를 데리고 다니신 건 다리 힘을 길러주기 위한 목적도 있었을 것이다. 걸으면서 체력을 단련하는 것과 함께 일찍 일어나는 습관도 우리들에게 길러주기 위함이 아니셨는지 싶다. 그런 걸 보면 아버지는 시대를 앞서가신 분인 것 같다. 요즘 유행하는 웰빙 트렌드인 새벽 기상과 산책을 먼저 시작하셨으니 말이다.

아버지와의 새벽 산책은 5, 6세부터의 내 기억에서 아주 소중한 부분이다. 아버지가 아프신 3년간은 새벽 산책이 거의 중단되었지만, 내가 유치원을 다닐 때부터 시작한 새벽 산책은 그 후로 내겐 하루를 시작하는 소중한 일과요, 습관이 되었다.

지금도 새벽 5시에 깨서 하루를 시작하는 건 그 때문이다. 일이 많아 밤늦게까지 있어도 그 시간이면 깬다. 가끔 새벽 산책으로 집 근처에 있는 절에 갔다 오면 내 손은 따스해져 있다. 어릴 때 아버지의 손길에서 전해져오던 그 따스함이 어느새 배어있는 것 같다.

내 기억 속의 새벽 산책 풍경엔 굉장히 따뜻하고 자상하신 아버지가 계신다. 또 아버지의 따스한 손길에서 전해지는 아버지의 사랑을 먹고 크던 꼬맹이 남매가 있다.

## 아버지가 가르쳐주신 삶의 원칙들

아버지가 돌아가신 지 40년.

위암 수술을 받고 의식이 회복되지 않은 상태에서 평소의 근엄한 모습은 암세포들에게 빼앗기고 초췌한 모습으로 병원 침대에 누워 가쁜 숨을 몰아쉬던 아버지를 처음 본 순간, 난 소망했다. 의사가 돼서 아버지를 고쳐드릴 수 있기를.

하지만 끝내 아버지는 암을 이기지 못하고 이 세상을 떠나셨다. 그리고 죽음이 뭔지도 몰랐던 나는 이 세상에서 가장 소중한 분을 빼앗아간 그 무서운 암이란 놈하고 싸우겠다고 결심했다. 내가 10살 때였다.

지금도 가끔, 일이 너무 많거나 아이들 문제로 골치도 좀 썩고 힘들면, '은경아.' 하고 부르는 아버지의 자상한 음성이 들리는 듯하다. 그 목소리에 나는 다시 힘을 얻고 일어선다.

'넌 할 수 있다. 삶의 원칙들만 잊지 않는다면……', 아버지의 그 말씀에 다시 힘을 얻곤 한다.

아버지는 어린 내게 삶의 기본적인 원칙들을 가르쳐 주시고 떠나셨다.

우리의 삶은 모든 순간이 소중하지만, 아무래도 인생엔 저마다 가장 응축된, 가장 기억하고 싶은 삶의 일부분이 있는 것 같다. 나에겐 내가 기억할 수 있는 대여섯 살부터 열 살 때까지의 아버지에 대한 짧은 기억들이 그렇다. 그때, 아버지가 몸소 행동으로 보여주시면서 가르쳐주신 삶의 원칙들이 내 안에서 차츰 뿌리를 내리지 못했다면, 그 후 40년을 내가 어떻게 살아냈을까?

## 가장 사랑하며 존경하는 나의 아버지

아버지를 먼저 떠나보내시고 대학생부터 초등학생까지 우리 다섯 남매를 키우시느라 최선을 다하신 어머니, 함께 의지하며 울고 웃었던 우리 형제들, 내 삶의 동반자가 되어준 남편과 사랑하는 아이들이 없었다면 지금의 나는 존재하지 않을 것이다.

그럼에도, 어머니나 남편, 아이들은 서운해 하겠지만, 내 인생에서 가장 소중한 사람, 가장 사랑하며 존경하는 사람을 딱 한 사람만 들라고 한다면, 나는 아버지라고 대답할 것이다.

아버지가 내 옆에 계셨던 10년이, 그때 자상함과 엄격함으로 내게 베풀어주신 아버지의 사랑이 40년이 흐른 지금까지, 아니 앞으로도 내가 꿋꿋하게 살아갈 수 있는 자양분이요, 힘이 되기 때문이다.

부모에겐 아이들이 이 세상에서 가장 값진 보물일 것이다. 가장 사랑하기에, 아이를 위해서라면 자기 목숨도 아까워하지 않는 것이 부모의 마음이다. 우리 아버지도 나뿐만 아니라 우리 형제들에겐 같은 마음이셨을 것이고, 나 역시 내 아이들을 향한 마음은 여느 부모들과 다르지 않다.

하지만 내가 내 아이들을 아끼는 그 마음은, 그 사랑은 내가 아버지한테서 받은 크나큰 사랑이 있었기에 가능한 것이었다. 마치 수원지에서 흘러나온 아버지의 사랑이 나라는 작은 웅덩이에 흘러들어 점차 고이고 다시 넘치면서 내 아이들에게로 자연스럽게 흘러나가듯이 말이다.

가끔 궁금하다. 아버지는 내가 어떤 사람이 되기를 원하셨을까? 어린 나를 그토록 혹독하게 훈련시키신 이유가, 삶의 원칙들을 가르쳐주시면서 그것들이 나의 몸과 마음에 철저하게 배이도록 애쓰신 이유가 뭘까?

나중에 저 세상에 가서 다시 아버지를 만나게 된다면 꼭 물어보고 싶다. 지금은 다만, 아버지께 받은 사랑과 혹독한 훈련이 나 혼자만을 위한 것은 아니라는 것을 알고 있을 뿐이다.

그래서 오늘도 아버지를 닮기 위해 나 자신에겐 냉정하게, 다른 사람들에겐 관대하게 살려고 노력하게 된다. 아직도 아버지의 딸로선 많이 부족하지만 그래도 아버지 흉내라도 내보려고, 하루하루 충실히 살아가려고 노력하게 된다.

## 아버지의 삶, 56년

　남자의 인생에서 56년이란 시간은 얼마나 큰 무게와 깊이를 지닐까?
　장남으로, 남편으로, 아버지로서 짊어져야 했던 평생의 책임과 의무는 얼마나 무거웠을 것이며, 또한 반평생을 쉬지 않고 배우고 연구하고 가르치면서 학자로서의 삶에 투철했던 그 헌신과 사명감은 얼마나 깊을 것인가?
　아버지의 삶, 56년.
　아버지가 지금도 살아 계신다면 올해로 96세가 되신다. 90대 장수 노인이 많아진 요즘 기준으로 보면, 아버지의 생은 너무 짧은 일생이라 할 수 있다.
　요즈음 같으면 아버지가 돌아가실 그 나이에 대기업에 다니는 남자들은 정년퇴직하고 제2의 인생을 시작하느라 나름대로 새로운 의욕과 희망, 또 일말의 불안감으로 조심스럽게 숨을 고르지 않을까. 좀 일찍 결혼한 남자들은 자식들 웬만큼 키워놨겠다, 생활도 좀 안정됐겠다, 이젠 좀 덜 바쁘게 살면서 자기한테 좀 더 투자하면서 아내랑 잔재미도 즐기면서 좀 천천히 살자고 삶의 브레이크를 늦출 수도 있을 것이다.

아버지처럼 학문의 길로 들어선 이들은, 아버지의 뒤를 이어 경제학을 전공하고 한양대학교에서 후학들을 가르치고 있는 둘째 언니처럼, 학자로서 전성기를 맞이할 수도 있으리라. 그동안의 학문적 업적은 중간 결실이요, 앞으로 제2, 제3의 큰 프로젝트를 구상하면서 더욱 심도 있는 학문적 성취를 위해 펜 끝을 더욱 예리하게 굴리면서 말이다.

아버지가 좀 더 오래 사셨다면…….

물론 아버지는 결혼이 늦었으니까, 또 일과 가정밖엔 모르던 분이었으니까, 더 오래 사셨다 하더라도 좀 더 느슨한 삶이라든가, 잔재미를 누리는 삶과는 거리가 멀었을 것이다. 여전히 학교와 은행을 오가면서, 집에서도 손에서 책을 놓지 않으시고, 또 초등학교 선생님이던 어머니를 대신해서 우리 형제들의 공부를 엄하게 점검하시느라 잠은 서너 시간으로 족한 바쁜 나날들이 이어졌을 것이다.

하지만 아버지가 이루었을 학문적 성취는 어떠했을지, 과연 그

깊이를 가늠이나 할 수 있을까.

오빠는 아버지가 10년에서 15년 정도만 더 사셨더라면 노벨 경제학상을 받으셨을 거라고 얘기한다. 한국과학기술원(KAIST) 출신이고 대전 연구소에서 부장으로 오래 있다가 동명대학교로 옮겨간 오빠니까 그 말은 단순히 부자간의 정에서 나온 주관적이고 과장된 표현만은 아닐 것이다.

인재는 인재를 알아본다고 하지 않는가. 아버지는 젊은 나이에 일본인, 중국인, 한국인을 대상으로 일본이 실시한 경제학 논문 응모에서 일본인 경제학 교수들까지 제치고 당선하던 실력이 있지 않으셨던가.

아버지가 좀 더 오래 사셨다면, 어머니도 홀로 우리 5남매를 키우느라 남편 잃은 슬픔에 젖어 망연자실할 새도 없이 동동거리며 살진 않으셨을 것이고, 우리 형제들도 아버지께 잔소리도 들어가면서 아버지 '빽' 믿고 좀 헐렁하게 살 수 있었을지도 모른다.

아니, 아버지는 우리들에게 너 많은 걸 요구하셨을 지도 모른다. 최선을 다하라며, 최고의 실력을 갖추어야 한다며……. 게으른 건 절대 용납 못 하시고 일에 관해서는, 자신이 해야 할 일에 관해서는 대충대충 넘어가는 법이 없는 분이셨으니까.

## 아버지 병은 제가 고칠게요

초등학교 3학년 때, 아버지가 아프시다가 돌아가시는 걸 보고 난 의사가 되기로 결심했다. 아버지의 생명을 뺏어간 게 암이란 걸 알고는 의사 외에 다른 것엔 전혀 관심이 가질 않았다.

서울대학교 의대 시험에 붙은 날, 아버지 생각이 가장 많이 났었다.

'아버지, 이젠 제가 아버지 병을 고쳐드릴 수 있게 됐는데, 아버지는 제 곁에 안 계시네요. 제가 의사였다면 아버지를 이렇게 빨리 돌아가시게 하진 않았을 텐데, 아버지가 돌아가실 때 품은 그 생각을 지금까지 품어왔는데……. 아버지와 같은 병을 가진 사람은 이제 제가 고칠 거예요. 암이 아무리 무서운 병이라 해도 이젠 의학도 많이 발전했어요.'

1983년에 의대를 졸업하고 84년에 서울대학교병원에서 레지던트 수련을 하면서 나는 전공을 치료 방사선과로 선택했다. 방사선 종양학과 전문의로 정식 트레이닝을 받은 건 내가 2기였다.

방사선 치료는 전 세계적으로는 역사가 100년 되었고, 우리나라에선 원자력 병원에서 시작해서 40여 년 되었는데, 전국적으로 전문의를 뽑아서 정식으로 실습 위주의 교육을 시킨 건 20년쯤 됐다. 그 20년 간 우리나라에서 방사선 치료는 괄목할 만한 발전을 이루었다.

난 방사선 종양 치료 중에서도 폐암을 선택했는데 지금 생각해도 잘한 일 같다.

처음 수술을 받고 나와서 병실에 누워 계시던 아버지 모습은 어린 내겐 참으로 충격적이었다.

초등학교 1학년 때부터 아픈 아버지를 봐왔기 때문인지 난 감성이 유달리 풍부했던 것 같다. 아버지가 많이 아프시면 아버지 손잡고 새벽 산책 가는 즐거움도 누릴 수가 없었다. 새벽 산책이 내겐 워낙 익숙한 일과여서 새벽이면 자동적으로 눈이 떠지곤 했는데, 아버지가 "은경아." 하고 부르질 않으시면 가슴이 왠지 허전했다. 뭉툭한 연필만 봐도 눈물이 핑 돌았다. 아버지는 늘 내 연필들을 깎아서 필통에다 가지런히 넣어주셨는데…….

아버지가 병원에서 수술을 받으신다고 해서 겁이 좀 나긴 했지만 수술만 받으면 다 낫는다고 하셨기에, 난 학교에선 평소처럼 친구들하고 고무줄놀이도 하면서 뛰어 놀았다. 속으론 걱정이 되도 겉으론 내색을 안 하면서 말이다.

아버지가 수술을 받은 날, 수업 끝나고 집에 왔는데 지금쯤은 수술이 끝났을 거라면서 큰언니가 병원에 가자고 했다. 큰언니를 따라 병실에 들어갔다. 앗! 우리 아버지의 모습이 아니었다! 아버지 코엔 줄 같은 게 달려 있었고, 그 줄은 자물쇠같이 생긴 거랑 이어져 있었다. 아버지 팔에도 주사 바늘이 꽂혀 있고, 주사 바늘에도 우유병보다 큰 병하고 이어진 줄이 달려 있었다. 아버지는 주무시는지 우리가 온 것도 모르고 눈을 감고 거친 숨만 쌕쌕 내쉬셨다. 며칠 사이에 몇 년은 더 늙어 보이시는 아버지! 아버지 모습에 난 너무 충격을 받아서 주저앉았다.

간단한 수술인 줄 알았는데 그게 아니었나 보다. 아버지는 위암 수술을 받고 나와 마취가 아직 안 깬 상태였는데 나도, 다른 식구들도 아버지가 위암 수술을 받았다는 건 모르고 있었다. 산소 호흡기를 달고 링거를 꽂고 있는 모습을 난 그때 처음 봤다. 그때의 충격은 지금도 쉽게 잊혀지지가 않는다.

아버지가 퇴원하신 뒤로 닥터 필인가 하는 분이 가끔 우리 집에 오셨다. 아버지 몸도 살펴보고 이런 저런 말씀을 나누는 걸 몇 번 봤는데 어린 눈에도 좋은 의사 선생님 같았다. 지금 생각해보니 그 분은 일반외과 의사였는데, 그 분을 보면서 '의사가 참 좋은 사람이구나, 아픈 사람들을 고쳐주는 좋은 일을 하는구나.' 하는 생각을 했던 것 같다.

 '의사가 돼서 암을 정복해야지. 암환자를 치료하겠어.'

 나도 아버지를 닮아서 한 번 뜻을 세우면 초지일관 밀어붙이는 기질이 있어서인지 그 후로도 의사가 되는 것 말고는 다른 꿈은 가져본 적이 없다.

## 상처는 동시에
## 축복이기도 하다

　내가 폐암으로 전공을 결정한 데엔 다행히도 폐암은 어른들 병이라 소아(小兒)암 환자가 없다는 이유가 컸다. 백혈병 등 소아암에 걸린 아이들을 간호하면서 병원 복도 끝에서 눈물을 훔치는 엄마들을 많이 보게 되었는데, 엄마들이 우는 걸 볼 때마다 내 가슴도 미어졌다. 아이와 엄마의 고통이 고스란히 느껴지니 소아암은 제대로 치료를 할 수가 없을 것 같았다.

　보통 사람들은 의사들이, 특히 암환자들을 치료하는 의사들은 죽음을 많이 볼 수밖에 없으니 죽음 앞에 덤덤할 거라 생각할지도 모르겠다. 하지만 다른 의사들도 그럴 것이지만, 죽음 앞에선 난 늘 뒷걸음치게 된다. 과연 죽음을 얼마나 많이 봐야 죽음 앞에서 덤덤해질 수 있을까.

아버지의 죽음이 남긴 상처는 아물었지만, 지금도 난 영안실이 제일 싫다. 암환자들을 치료하면서 많은 죽음을 목격했어도 지금도 죽음 앞에선 태연할 수가 없다.

어릴 때 레마르크의 소설 〈개선문〉을 읽으면서 느꼈던 전율은 지금까지도 생생하다. 2차 세계대전의 전운이 감도는 파리, 독일에서 파리로 망명한 독일인 외과의사 라비크의 가슴을 사로잡았던 죽음에 대한 두려움이 내 가슴에 고스란히 느껴졌었다. 이미 의사가 되기로 결심하고 있던 때라 라비크에게 공감하면서 한편으론 과연 내가 죽음에 대한 두려움을 뛰어넘을 수 있을까 두렵기도 했었다.

그 후 의사가 되어 실제로 많은 죽음을 보게 되었다. 다른 직업을 가졌다면, 건강한 사람들과 함께 어울리면서 살았다면, 죽음에 대한 두려움 같은 건 가슴 밑바닥으로 꽁꽁 숨겨놓고 살 수 있었을지도 모르겠다. 아버지의 죽음이 남긴 상처로부터 좀 더 빨리 벗어났을 수도 있었을 것이다.

아버지가 암으로 돌아가셨다는 사실은 어린 내겐 너무나 큰 충격이었다. 3년여 기간 투병 생활을 하시면서 눈에 띄게 육체적으로 무너져 가는 아버지를 보면서, 병실에서 의료기들에 의지한 채 힘없이 누워 계시는 아버지를 옆에서 지켜보면서, 피를 토하면서 고통스러워하시는 아버지를 보면서, 해드릴 수 있는 게 아무 것도 없다는 사실에 난 좌절했었다.

죽음이 뭔지 알 수 없는 나이였지만, 좌절감을 느낄 때마다 어렴풋하게나마 죽음의 그림자도 느꼈는지 모르겠다. 수술만 하면 낫는다던 아버지, 그러나 아버지는 결국 암세포들에게 패배 당하셨고, 아버지의 죽음은 내게 큰 상실감을 남겼다.

돌아보면, 내 삶에서 가장 소중한 분을 앗아간 암과 싸우리라는 야무진 결심은 아버지의 죽음에 대한 일종의 항거였을 것이다. 죽을 수밖에 없는 우리 인간들의 운명과, 그래서 어쩔 수 없이 소중한 사람들에게 상처를 남기고야마는 죽음에 맞서고 싶었던 것이다. 난 그 싸움에서 이겨 아버지의 죽음이 남긴 상실감을 극복하고 싶었다.

그러나 의대에 들어가면서 의사의 길을 걸어온 지 25년이 지난 지금도 죽음은 여전히 내겐 낯설다. 하지만 그 과정에서 난 알게 되었다. 의학이 아무리 발달한다 해도, 환자들에게 최선의 치료를 하기 위해 의사들이 최선의 노력을 기울인다 해도, 결국 삶은 죽음 앞에 끝이 날 수밖에 없다는 것을. 하지만 그러하기에 살아 있는 순간순간이 더욱 더 소중하고 감사하다. 그러하기에 순간순간 처절하게 사랑하면서 살아야 한다.

요즘은 이런 생각이 자주 든다.

'사랑을 못 받는 것은 기회가 없어서이지만, 사랑을 못하는 것은 불행이다.'

언제부터인가 그런 생각이 내 마음에 깊숙이 자리 잡았다. 순간순간 사랑하면서 살 수 있다면 죽음 앞에서도 의연할 수 있을 것 같다. 죽음은 여전히 낯설지만, 어차피 죽을 거라면 죽을 때 의연하게 죽어야겠다는 생각만은 놓지 않고 있다. 폐암 환자들이 죽어 가는 모습을 보면, 억울해 하고 안타까워하면서 죽는 사람이 절대 다수이다.

어린 나이에 아버지를 잃은 건 큰 상처였다. 하지만 언제부터인가 나는 상처는 동시에 축복이기도 하다는 걸 알게 되었다. 아버지는 너무 일찍 가셨지만, 난 아버지께 너무나 많은 사랑을 받았다. 아버지의 사랑은 내 가슴속에 늘 살아서 내가 외롭고 지칠 때마다 힘이 되어 주었다.

아버지가 가르쳐주신 삶의 원칙들은 내가 학교에서도, 어른이 되어 사회에 나와서도 쉽게 배울 수 있는 것들이 아니었다.

아버지의 사랑과 자상함, 당신이 몸소 보여주며 깨우쳐주신 삶의 원칙들만으로도 나는 나름대로 내 몫을 거뜬히 해냈을 것이다. 아버지가 일찍 내 옆을 떠나가셨기에 결과적으로 난 이 세상과 만날 수 있었다. 아버지가 내게 주신 사랑을 아버지께 돌려드릴 수 없기에 난 내가 받은 사랑을 갚기 위해 환자들에게 더욱 최선을 다할 수 있었다. 부모님에게 받은 사랑을 갚아야 한다고 생각하기에 난 오늘도 최선을 다하고 싶다.

아버지의 자상함과 엄격함이 함께 묻어났던 내 어린 시절 필통과 연필들.
컴퓨터로 작업을 많이 하면서도 지금도 난 필통과 연필을 쓴다.
무슨 일이건 시작할 때는 먼저 필통에 연필을 가지런히 깎아 놓아야 마음이 놓인다.
연필을 깎으면서 새로운 일에 대해 마음을 집중하고 짜임새 있게 계획을 세운다.
본인이 원칙적이었던 아버지는 내게도 일찍부터 삶의 원칙들을 엄하게 가르치셨는데,
아버지가 연필을 가지런히 깎아주신 일은 가장 기본적인 원칙인 셈이었다.
무슨 일이건 제대로 준비해놓고 시작해야 한다는 원칙말이다.

2부 /

아버지가 물려주신
소중한 유산

## 당시 흔치 않았던 민주적인 가장

아버지가 돌아가신 후, 우리 형제들은 어릴 때부터 아버지 얘기를 많이 했다.

"우리나라 남자들은, 특히 당시는 자식한테 무관심한 편이었는데, 아버지는 남달랐다. 바람, 노름, 도박, 술 등 많은 아내들이 걱정할 만한 일은 전혀 안 하셨으니, 지금 보면 A급 신랑이다. 비록 마지막 3년간은 당신 몸이 아프면서 아내에게 걱정도 시키고 빚도 남기셨지만."

오빠의 말이다.

우리 형제들 중 누가 아프면 아버지가 죽을 끓이셨다. 어머니보다는 집에 계시는 시간이 많아서였겠지만, 당시 부엌에 들어가는 가장은 정말 흔치 않았다. 겨울에 김장을 100포기쯤 하면

배추도 아버지가 다 다듬으셨다. 학교 선생님들과 회식이라도 있는 날, 어머니가 집에 늦게 오시면 아버지는 어머니 마중을 나가셨다. 주말에는 어머니랑 영화도 보곤 하셨다.

어머니도 아버지가 가족들의 의견을 존중하는 민주적인 가장이었다고 인정하신다.

"집안일은 나와 의논해서 결정하셨다. 내 의견을 존중해주시고 나도 너희 아버지 의견을 존중해드렸지. 너희들 대학교 가는 것도 각자가 원하는 곳에 가게 하셨지."

어린 내 눈에도 아버지는 어머니를 존중하셨고, 여자와 남자의 차이가 있다는 걸 내가 생각하지 못했을 정도로 딸, 아들 구별이 없으셨다. 그리고 우리들 교육에 신경을 많이 쓰시면서 엄하게 하셨다. 아마도 요즘, 아이들 교육에 올인(all in)한다는 대치동 아버지들도 우리 아버지는 못 따라올 것이다.

아버지가 가정적인 남편이었기에 어머니는 당시 아내들에 비해선 편하셨을 것이다. 그러나 시댁 식구들과 함께 사느라 마냥 편하지만은 않았을 것이다. 어머니는 서울 부잣집 외동딸로 태어나서 대학까지 나오고 결혼하기 전까지 집에선 손에 물도 안 묻히고 사셨다. 그럼에도 시어머님도 모셨고, 시누이의 딸을 10여 년 데리고 있다가 시집도 보내셨다. 두루두루 포용하시는 성격 때문에 가능했을 것이다.

어쨌거나 아버지의 관심은 오로지 아내와 아이들에게 집중됐던 반면, 어머니는 외향적이라 사람들하고 잘 어울리는 성격이어서 집안에만 머물러 있지 않으셨다. 3년여 동안 아버지랑 떨어져 지내며 방학 부부로 지내면서도, 오빠를 줄기차게 병원에 데리고 다니면서도, 아버지 병시중을 하느라 병원에서 출근을 하면서도, 어머니는 결코 학교를 포기하지 않으셨다. 아버지가 돌아가신 뒤론 아버지가 남긴 병원 빚도 갚아야 했고, 다섯이나 되는 자식들을 가르치느라 학교를 그만둘 수도 없었지만, 어머니는 보기 드문 여장부 스타일이셨다.

사람이 완벽할 순 없는 노릇이니, 어머니는 우리 형제들에게 세끼 밥이며, 간식거리를 일일이 챙겨주실 수가 없었다. 우리 집엔 살림을 해주시는 분이 계셨고, 집에 계실 땐 아버지가 챙겨주셨으니, 어머니는 안심하고 학교 일과 바깥 일에 신경 쓰실 수 있으셨을 것이다.

## 가족회의와
## 아버지의 가르침

 오빠가 초등학교에 들어가고 나서였을 것이다. 식구들이 다 모였을 때 아버지가 말씀하셨다.

 "일주일에 한 번 가족회의를 하자. 토요일이 좋겠지? 그날 모두 모여서 자기가 하고 싶은 얘기를 돌아가면서 하는 거야."

 그 주 토요일, 처음으로 가족회의가 열렸다. 난 그날을 기다렸던 것 같다. 언니들은 학교에서 학급회의도 하고 하니까 특별한 느낌이 없었을지도 모르지만, 나로선 처음 해보는 회의였다.

 언니들과 오빠는 별로 말이 없었다. 공부 때문에 아버지한테 혼이 나느라 아버지가 무서워서 그랬을까? 괜히 이상한 얘기를 꺼냈다가 또 혼만 나는 건 아닌가 싶어서였을까? 그래도 가족회의가 몇 번 반복되자 오빠랑 언니들은 자연스럽게 "○○가 필요

해요, ○○ 사주세요." 하며 자신들이 필요한 걸 말했다. '민주적'이란 말이 뭔지도 모르던 나도 오빠, 언니들을 따라서 민주적으로 내 의사를 표현했다.

아버지는 우리한테 필요한 것이라면 어머니한테 사주게 하셨다. 하지만 우리의 요구가 늘 충족된 건 아니었다.

"검소하게 살자!"

아버지가 자주 강조하신 삶의 원칙들 중 하나이다.

"아버진 시골에서 할머니 밑에서 어렵게 공부했다."

아버지는 어린 시절 얘기를 우리들에게 구체적으로 해주시진 않으셨다. 하지만, 우리가 어렸을 때도 못 사는 사람들이 많았으니, 아버지 때는 더 했으리라는 것쯤은 우리도 짐작할 수 있었다.

"아버지도 그랬으니 너희들도 편하게 지낼 생각만 하지 마라. 갖고 싶은 것 다 가질 순 없다. 필요한 것만 꼭 가지면서 살자."

아버지가 가족회의에서 또 자주 강조하신 말씀은 '최선을 다 하자, 정직하게 열심히 살자.'였다. 가훈으로 정한 건 아니었지만, 아버지는 최선을 다 하는 게 어떤 것인지, 정직하게 열심히 사는 게 어떤 것인지를 몸소 보여주셨다.

나도 이것들만은 꼭 지켜야 한다며 아이들한테 이래라저래라 하게 되지만, 과연 나는 잘하고 있나 따져보면 솔직히 자신이 없을 때가 많다. 그러면서 나를 반성하게 되는데, 그럴수록 아버지를 더욱 존경하게 된다. 아버지는 당신한테 적용이 되지 않는 얘기는 우리한테 하지 않으셨으니까 말이다.

　가족회의에서 자주 강조하시면서, 말로만 아니라 몸소 실천하시며 삶에 필요한 원칙들을 가르쳐주신 아버지. 나뿐만 아니라 오빠, 언니들도 아버지가 몸소 보여주신 원칙들을 가슴에 새기고 살아왔을 것이다.

　가족회의는 아버지가 돌아가시고 나서는 없어졌다. 효경 언니는 성적표를 받아 오면 집중적으로 혼이 나니까 가족회의가 싫을 때도 있었지만 빠질 순 없었는데, 막상 없어지니까 아쉬웠다고 한다.

　"아버지가 영어로 가족회의를 해보자고 하셨잖아. 배운 걸 활용해라, 굿모닝이라도 해봐라 하시면서. 지금 영어 열풍이 부는데, 아버지는 미래를 내다보셨나봐. 우린 영어로 말하는 게 쑥스럽고 싫었는데, 그때 잘했으면 지금 영어 잘 할 텐데……."

　미국계 은행에서도 일했고, 지금은 뉴질랜드에 사니까 영어에 불편함을 느끼진 않을 언니의 엄살이다.

## 좀 불편하더라도
## 검소하고 정직하게 살자

지금 돌아보면 아버지가 살아 계실 때 우리 집은 평균 이상으로 다복하고 민주적인 가정이었다. 대학교 교수인 아버지, 초등학교 교사인 어머니, 그리고 공부 잘하고 똑똑한 아이 다섯.

지금은 대학교가 수도 많고 해서 교수의 위상이 좀 격하된 면이 있지만, 아버지가 학교에 계시던 당시 교수는 사회적으로 존경도 많이 받는 특권적인 직업이었다. 청강생으로 대학에 들어가는 학생들도 많아서 돈 욕심을 낸다면 한몫 건질 수 있는, 속칭 끗발 나는 직업이기도 했다. 그러나 청렴결백했던 아버지는 뒷돈은 일체 거부하셨다.

아버지는 관직으로 나가서 성공가도를 달릴 수도 있었지만, 청렴결백한 성품이라 정치적 술수란 걸 모르셨다. 교수란 자리를 이용해서 돈을 많이 벌 수도 있었지만, 원칙에서 어긋나는 건 스스로에게 용납하질 않으셨다.

당시는 청강생으로 대학에 들어갈 수 있던 시절이라 우리 집으로 청강생 부모들이 찾아오는 일이 많았다. 아버지가 집에 계시면 그 사람들은 집 안에 들어올 수도 없었는데, 아버지가 집에 안 계시면 아이를 받아달라는 부탁과 함께 어머니한테 선물을 놓고 가는 사람이 많았다. 어머니가 누가 왔었다고 전하면 아버지는 선물 꾸러미를 풀어보지도 않고 담 밖으로 던져버렸다.

고지식하고 원칙적인 남편하고 사느라 어머니는 아쉬워했을지도 모르겠다. 하지만 난 그 점에서 아버지를 존경한다.

그래도 어머니도 돈을 버시니, 오빠 병원비가 많이 들어가긴 했어도, 우리 형제들은 경제적으로 궁핍하게 크진 않았다. 부모님 덕분에 우리 형제들은 가난이란 걸 모르고 살았지만, 그렇다고 우리 집이 부자라고 생각하면서 크진 않은 것 같다. 아버지의 생활신조 중 하나가 '검소하게 살자.' 였으니까.

한 번은 어머니가 좀 더 큰 집으로 옮겨가자고 아버지한테 운을 떼셨다.

"돈 좀 있는 거에다 은행에서 빚 좀 얻으면 돼요."

아버지는 펄쩍 뛰셨다.

"빚은 안 돼! 빚지고는 못 살아."

아버지는 재테크를 못하시기도 했거니와 싫어하셨다. 요즘은 재테크도 능력이 된 세상이고, 지금이건 당시이건 다른 경제학자들은 어떤지 모르겠지만, 아버지는 재테크는 불로소득이라고 생각하셨던 것 같다.

당연히 아버지는 공짜는 거들떠보지도 않으셨다. 지금 살아 계셔도 요즘 백화점이나 마트에서 수시로 하는 공짜 경품 신청은 아예 하지도 않으셨을 것이다.

난 사실 은근히 공짜를 좋아하는데 이상하게도 내 인생에도 공짜는 없었다. 백화점이나 슈퍼마켓 체인점의 경품 당첨 한 번 안 돼봤다. 아버지가 저 위에서 브레이크를 거시는 건가?

아무튼 아버지 반대로 어머니는 성북동 집에서 30년을 사셨다.

먼저 아버지가 그 집을 떠나시고, 우리 딸들이 하나둘 시집을 가면서 성북동 집은 호젓해졌다. 2층집이긴 하지만 마루가 없어서 큰일을 치르면 정신이 없던 곳이 거의 텅 빈 집이 되어 버린 것이다. 큰언니는 아이가 셋, 다른 네 형제들은 아이가 둘씩 있으니, 명절 때 온 가족이 모이면 이십 명씩 북적대던 집이었다.

오빠가 대전 연구소에서 부산 동명대학교로 전직하면서 결국 어머니는 성북동 집을 파셨다. 아버지와 큰언니는 공주에서, 어머니와 둘째·셋째 언니는 서울 혜화동 외가에서 떨어져 살다가 우리 식구들이 다 모여서 살게 된 집, 오빠랑 내가 태어나고 아버지가 눈을 감으신 집이었다.

어머니가 성북동 집을 떠나기 전에 꿈에 아버지가 나타나셨다고 한다. 어머니는 아버지가 당신 꿈에 나타나신 건 그때 딱 한 번이었다고 하신다.

"아무 말도 없으시더라. 내가 손을 붙잡으려 하니 점점 멀어지시면서 결국은 손을 못 잡고 헤어졌다."

아버지의 혼도 그 집을 떠나는 게 서운하셨던 것일까?

효경 언니도 작년 가을에 귀국했을 때 성북동 집에 가봤는데, 옛 집은 헐리고 다세대 집으로 바뀌었다면서 섭섭해 했다.

그래도 지금 어머니는 성북동 집에서 30년을 산 게 다행이라고 하신다.

"네 아버지 말을 듣길 잘했다. 당신 아플 때 병원비 때문에 빚졌을 때말고는 그 집 덕분인지 평생 빚이란 건 모르고 살았고, 내가 지금 여유 있게 살고 있잖니?"

## 철저한 훈련과 공부 점검

어머니는 아버지도, 당신도, 아들한테 집중하느라 딸들한테는 신경을 못 썼다며 언니들과 나는 "자기들이 알아서 컸다."고 하신다.

"당시엔 으레 아들이 중요했지. 하나뿐인 아들이 아프니 누나들도 동생 좋은 것 먼저 챙기면서 숙제부터 수업 준비물에 이르기까지 모든 걸 자기가 알아서 했지. 문제가 생겨도 저절로 알아서 스스로 해결하고. 너희들은 어떻게 키웠는지도 모르겠다."

그러고 보니 나도 초등학교 때 어머니가 숙제를 도와주고 한 적은 없었던 것 같다. 자기 일은 자기가 알아서 하는 언니들을 봐와서 그런지, 재봉틀로 앞치마를 만들어 가는 숙제도 어찌어찌 낑낑대면서 혼자 했던 기억이 난다.

어머니는 그 와중에도 아버지가 우리들 공부는 챙기셨다고 하는데, 아버지의 공부 점검은, 나는 제외였지만, 우리 형제들에겐 그야말로 공포의 시간이었다.

어머니보다는 집에 계시는 시간이 많아서였겠지만, 또 우리들한테 기대가 커서 어렸을 때부터 공부하는 습관을 길러주려고 하신 것이었겠지만, 우리들 숙제 검사며, 노트 정리는 아버지가 더 많이 점검하셨다.

공부만큼은 아버지는 아주 엄하고 철저하셨다. 특히 세 언니들한테 그러하셨다. 당시는 중학교도 입학 시험을 보고 들어갔고, 일류니, 이류니 하는 꼬리표가 학교 이름에 붙어 다녀서 그랬을 것이다. 물론 자식들에 대한 아버지의 기대도 크셨을 테고.

"내일까지 43쪽까지 문제 풀어라."

아버지는 우리들에게 학교 숙제 말고도 공부할 양을 따로 정해주셨다. 누구라도 할당된 양을 끝내놓지 못하면 아버지의 불호령이 떨어졌다. 아버지는 영어를 잘 하셔서 언니들이랑 오빠가 초등학교를 졸업하기 전부터 영어도 가르치셨는데, 역시 제대로 못하면 혼이 났다.

효경 언니는 "아버지가 불러서 공부하자고 하면 무서웠다."고 한다.

"초등학교 때 오후반이면 다른 애들은 오전에 학교 가서 놀다가 오후에 수업을 받았는데, 아버지는 학교에 일찍 못 가게 하셨어. 집에서 공부하라고. '우리 아버지도 다른 아버지들처럼 아침에 출근하고 집에 안 계시면 나도 학교 가서 놀고 할 텐데…….' 하는 아쉬움이 있었지."

오빠도 아버지에 대한 서운함을 털어놓은 적이 있었다.

"아버지는 나한테 모든 걸 거시고 많은 걸 희생하셨어. 그 기대에 못 미쳐드려서 죄송하다. 하지만 공부 못한다고 책을 집어던지시면……. 아버지의 능력을 이어받질 못해서 원통해하면서도 우리 아버지는 날 왜 이렇게 괴롭히시나, 내가 태어나지 말았어야 하나, 그런 생각도 했다."

자식들을 이렇게 괴롭히면서까지 철저하게 훈련시키셨던 아버지. 아버지는 자식들이 당신처럼 능력 있는 사람이 되길 바라셨기에 그러셨을 것이다. 최선을 다해서 자기 능력을 키우지 않고 그냥 쉽게, 대충대충 살아가는 자식들이 되지 않길 바라는 마음에서 말이다.

나도 아버지한테 미리 엄하게 수업을 받아서였는지 초등학교에 입학하고 나서는 학교가 집보다 더 편하고 쉽게 여겨질 정도였다. 하지만 아버지가 무섭진 않았는데, 언니들과 오빠 말대로 아무래도 내가 막내라서 특혜를 받았나 보다.

아버지는 밥 먹다가도 "3 곱하기 8은?" 하고 물으셨고, 그럼 난 "24." 하고 대답하면서 산수를 재미있게 배웠다. 그래서인지 지금도 수학을 제일 잘한다. 효경 언니는 아버지랑 손잡고 산책

하다가 아버지가 "4 곱하기 9는?" 하고 물었는데 빨리 대답을 못하면 혼났다면서 아버지의 독특하면서도 엄한 학습법이 좀 두려웠다고 한다. 같은 방식으로 아버지한테 배웠는데도 배움에 대한 기억은 서로들 다른 것 같다.

## 상과 벌이 확실했던 아버지

언니들이나 오빠는 아버지가 무서웠다고 하지만, 나는 내가 지금까지 이렇게 일을 할 수 있는 건 아버지의 철저한 훈련과 자상함 덕분이라고 생각한다. 그래서 아버지께 감사한다.

오빠는 아버지가 돌아가시기 전에 2, 3년간 병치레하는 것을 보면서 '더 이상 혼날 필요가 없구나, 숙제 검사도 안 하고…….' 하는 생각이 들면서 어린 마음에 한편으론 홀가분했다고 한다. 그러면서도 이것만큼은 지금도 인정한다고 한다. 아버지의 엄격한 훈련과 상과 벌이 확실했던 양육 방식 덕분에 결과적으로 우리 집은 성북동에서 유명했다는 것과 형제가 모두 공부도 잘하고 모범생이었다는 것을.

다시 말하지만 아버지는 상과 벌이 확실하셨다. 효경 언니가 초등학교 6학년 때였다. 중학교 입시를 준비하던 효경 언니는 오후 6시에 과외를 끝내고 친구 집에 놀러갔다가 밤에 집에 왔다.

"왜 이렇게 늦었느냐?"

아버지가 물으셨다.

"공부가 지금 끝났어요."

언니는 아버지의 눈을 똑바로 볼 수 없었다. 제발 빨리 씻고 자라고 하셨으면……. 그러나 희망은 산산조각이 났다.

"어디서 부모를 속여? 그런 짓은 어디서 배웠어? 과외 선생님하고 전화했는데 공부는 벌써 끝났다던데. 회초리 가져와!"

언니는 종아리를 심하게 맞았다. 아버지는 화가 많이 나셨는지 언니한테 마루에서 큰 통을 들고 서 있으라 하시곤 2층 서재로 올라가셨다. 언니는 울먹이면서 벌을 섰다. 좀 있다가 어머니가 안방에서 나오셨다.

"들어가서 자라."

효경 언니는 '정직하게 살라.'는 아버지 말씀을 어긴 건 잘못이지만, 아버지가 그렇게 무서웠던 적은 없었다고 한다.

"물론 아버지와 즐거운 기억들도 있지. 입시 발표장에 엄마 대신 아버지 손잡고 가서 합격을 확인했는데, 아버지가 기분이 참 좋으셨나봐. 빵집 가서 빵을 사주셨어. 한번은 삼선교에 있는 빵집에 준훈이랑 날 데려가셨지. 아버지에겐 쉽지 않은 일, 흔하지 않은 일이었어. 무슨 이유 때문인지 아버지는 빵을 안 드시고 우리만 먹게 하셨어. 지금 생각하면 아버지한테 참 죄송하다."

아버지가 "공책하고 책 가져와라." 하시면 오빠는 도살장에 끌려가는 기분이었다고 한다. 숙제를 제대로 못해놨거나 아버지가 묻는 부분에 대답이 엉성하면 공책이나 책이 휙 날아갔기 때문이다. 오빠는 언니들에게도 '아버지가 또 책 가져오라고 하시려나?'고 하는 생각만으로도 오싹했다고 한다.

"자기 자식은 못 가르친다는 말이 있잖니? 당신 자식들이 최고여야 하는데 우리가 못 따라가니까 안타까우셨나봐. 그래도 우리가 공부 잘 할 때가 아버지는 가장 기쁘셨을 거야. 또 아버지는 놀 때는 잘 놀아주셨지. 너랑 나랑 같이 씨름도 하시고 했잖아? 누나들은 좀 컸다고 그러셨는지 잘 안 놀아주셨지만."

오빠는 공부할 땐 아버지가 무서웠지만, 아버지가 누나들에 비해선 자기한테 관대하셨으므로 다른 땐 떼를 많이 썼다고 한다.

나는 상과 벌이 확실하신 아버지에게 크게 혼난 적이 거의 없다. 오빠의 말처럼, 나름대로 난 늘 완벽한 대비가 돼 있었고, 아버지의 기대에 어긋난 적도 없어서 그랬는지도 모른다. 또한 막내라서 아버지 사랑도 많이 받았고, 내가 유독 아버지를 굉장히 좋아했기 때문이기도 할 것이다.

아무튼 아버지가 무섭다 보니 오빠나 언니들은 똘똘 뭉쳤다. 공공의 적(무서운 아버지)이 있으면 탄압받는 사람들(우리 형제들)끼리 똘똘 뭉치게 마련이다. 오빠와 언니들은 나도 '탄압받는 무리'에 끼워 줘서 우리 형제들은 친했다. 하지만 오빠의 말처럼 나는 아버지의 말을 잘 따르다보니, 본의 아니게 오빠나 언니들에겐 종종 '배반 세력'이 되기도 했다.

가령 아버지가 집에 안 계시면 오빠랑 언니들은 만화책을 빌려와서 같이 보다가 아버지가 오시면 후다닥 치우곤 했다. 그럼 난 뭔가 이건 아니라는 생각에 가만있질 못했다.

"아빠, 어제 오빠랑 언니가요, 만화책 봤어요."

난 사실을 말씀드렸을 뿐이지만 결과적으론 고자질을 한 셈이었다. 그래도 그 시절이 그립다. 오빠도, 언니들도 아버지가 무서워도, 내가 가끔 배반을 했다 해도, 엄한 아버지 밑에서 똘똘 뭉치면서 따뜻한 형제애를 느끼면서 행복했었다.

## 원칙을 고수하고 자식에 대한 기대감이 크면 외롭다?

모든 면엔 양면성이 있듯이, 아버지가 당신의 원칙을 지키면서 사신 게 모든 이들에게 좋게만 보였던 것은 아닐 것이다.

당신 자신에겐 엄격하고 자식한텐 자상하셨던 아버지, 자신의 원칙과 소신을 꿋꿋하게 지킨 분이다. 그러나 오빠나 언니들에겐 기대가 커서 자식들을 힘들게 했던 아버지, 세상과 타협할 줄 몰라서 주변 사람들을 힘들게 한 분이기도 하다.

어머니한테 아버진 어떤 남편이었을까? 아버지는 어떤 아들이었고, 어떤 형이었을까? 아버지 친구 분들이나 직장 동료였던 분들은 또 아버지를 어떻게 평가할까?

한 사람의 삶이 주는 무게와 의미는 그가 다른 색깔로 맺을 수밖에 없는 다양한 인연들에 따라 달라질 수밖에 없으리라. 한 핏

줄을 이어받은 자식들마저도 아버지에 대해 제각각 다르게 말하게 되는 것도 당연한 일이리라.

그렇기에 자신의 삶은 남들의 평가가 아니라 자신이 스스로를 어떻게 보는가에 달려 있지 않을까? 스스로 정한 삶의 원칙들에 충실하면서, 자신이 처한 현실적인 상황에 주저앉지 않고 묵묵히 최선을 다해 노력하면서 자신의 비전을 향해 굳건히 나아가게 되는 것이 아닐까?

아버지는 정직하고 청렴결백하셨다. 친구가 찾아와서 무리한 부탁을 하거나 도리에 어긋나는 말을 하면 "가라!"고 하실 정도였다. 사사로운 정 때문에 자신의 원칙을 포기하거나, '이건 아닌데…….' 하면서도 주변에 휩쓸리면서 적당히 타협하지 않으셨다.

그러나 오빠는 아버지가 자신의 원칙을 충실히 지키려고 했기에 외로우셨을 것이라고 말한다.

또한 아버지는 본인에게도 그랬지만 자식에 대한 기대감이 유난히 높았다. 능력이 없는 사람이나 벼락부자, 즉 자신의 노력으로 우뚝 서지 않은 사람들은 인정하지 않았던 아버지. 그러한 생각 때문에 오빠는 아버지가 자식들을 힘들게 했다고 한다.

모든 사람이 당신처럼 천재에 가까운 지능을 갖고 태어나는 것도 아닌데, 당신처럼 어렵고 힘든 상황을 헤쳐 나가면서 자신의 목표나 꿈을 이루어낼 수 있는 힘이나 강단, 끈기가 따라주질 못

하는 사람도 있는데, 아버지는 인간의 능력에 대한 기대가 너무 높았다는 것이다.

그래서 오빠는 아버지가 더 오래 사셨다면, 아마도 자식들에 대한 기대가 채워지지 못했기 때문에라도 더 많이 외로우셨을 거라고 한다. 자식에 대한 기대가 크면 부모는 외로운 법이며, 부모의 높은 기대를 충족시켜 줄 수 있는 자식은 거의 없다면서.

## 아버지가 키워주신 조직화 능력

　40여 년 전에 암은 희귀한 병이었지만, 지금은 흔한 병이 되어버렸다. 발병 시기도 많이 빨라졌다. 예전에는 60대 이후 여자들한테 많이 발병하던 유방암이 지금은 20대부터 발병한다. 아이를 늦게 낳는 풍조와 패스트푸드가 큰 원인이라고 할 수 있다. 소아암 환자 수도 늘어났다. 그만큼 많은 사람들이 암으로 죽어가고 있지만, 반면에 암 치료법도 많이 발전해왔고, 암 환자들의 생존율도 많이 높아졌다.

　암은 스트레스와 환경의 영향을 크게 받는다. 폐암 예방의 기본은 금연인데, 담배를 안 피우는 여자들 사이에서도 선암 환자가 많아지는 걸 보면 나쁜 공기와 스트레스가 우리 몸에 얼마나 나쁜 영향을 미치는지 알 수 있다. 그래서 요즘은 암에 걸리지 않으려면 스트레스 받지 않고 즐겁게 사는 게 우선이란 말까지 나오고 있다. 아버지도 스트레스를 많이 받으셨을 것이다. 그 시대에 일본 유학까지 가시면서 그 정도 하시기만도 정말 힘드셨을 것이다.

현재 국내 암 발병률은 위암, 폐암, 간암 순서이지만, 치사율은 폐암이 1위이다. 폐암은 특히 조기 발견이 힘들어서 조기 환자까지 합쳐도 생존율이 20퍼센트 정도 밖에 안 된다. 그나마 생존율이 많이 높아진 수치다. 내가 폐암 방사선 치료를 시작할 당시에는 폐암은 치사율이 거의 100퍼센트였지만, 지금은 치사율이 80퍼센트 정도로 낮아졌다. 앞으로는 더 좋아질 것이라 생각한다. 이것은 나를 비롯한 국내 폐암 전문의들도 그렇지만, 무엇보다도 폐암 환자들과 환자 가족들 모두의 희망이기도 하다.

2007년 초에 KBS 〈생로병사의 비밀〉 프로그램에선 '암, 희망의 메시지'라는 제목으로 암 특집 방송을 5부작으로 내보냈었다. 국내 암 환자와 가족들에게 암을 이길 수 있다는 희망의 메시지를 전하기 위해 배대준 PD를 중심으로 암 수술은 서울대학교병원 의료진, 항암 치료는 연세대학교병원 의료진, 방사선 치료는 아산병원 의료진 등, 다섯 개 의료팀이 모여서 제작하였다.

나도 '암, 희망의 메시지' 3부인 방사선 치료 부분에 기획 단계부터 참여하게 되었다. 그동안 〈생로병사의 비밀〉 프로그램엔 여러 번 나왔었는데, 암은 수술과 항암 치료도 중요하지만 방사선 치료가 무엇보다 중요하다는 것을 알리려는 생각에서 참여하게 되었다. 암에는 수술과 항암제 치료, 방사선 치료가 병행되는데, 현재 아산병원에선 하루에 3백여 명에게 방사선 치료를 한다. 국내 암환자의 12퍼센트에 해당하는 숫자이다.

이재정 PD와 함께 기획을 하고 리포터를 하면서 2006년 말엔 1주일씩 두 차례 미국을 다녀왔다. 미국의 방사선 치료 상황을 둘러보기 위해서였는데, 바쁜 일정을 쪼개서 미국 출장을 감행하느라 연말이 어떻게 가는지도 몰랐다. 큰 프로젝트를 끝낸 후라 좀 쉬려고 했었는데 또 일거리가 생긴 것이었다. 미국행 비행기 안에서 자료를 정리하다가 불쑥 이런 생각이 들었다.

'사람 목숨을 다루는 일에서는 한 생명, 한 생명이 중요하다. 내가 한 번 실수하면 그 사람(환자)으로선 모든 게 끝이니 내가 실수를 만회할 기회는 없다. 그러므로 방심할 수가 없다. 그래도 좋다. 누군가를 위해 내가 해줄 수 있는 게 있다는 건 좋은 일인 것 같다.'

그런 생각에서 난 더 많은 일을 찾아 하게 되는데, 내가 이렇게 많은 일을 할 수 있는 것은 아버지가 키워주신 조직적인 체계 속에서의 처리 능력 덕분이라고 생각한다. 계획을 짜서 일을 진행하는 기획 능력과 조직화 능력 말이다.

아버지는 어릴 때부터 내게 계획표를 짜서 공부하게 하셨다. 내 필통 가득히 연필들을 가지런히 깎아 채워주신 것도 공부나 일을 하기 전에 준비 단계에서부터 꼼꼼하게 정리를 해놓고 시작하라는 가르침을 주기 위해서였다.

아버지는 당신도 방학 때는 일과표를 짜서 공부를 하셨다. 오빠랑 나랑 산보를 하시는 것도 그 일과의 하나였다. 아버지는 그런 원칙 하나하나를 당신이 먼저 지키셨다. 그러면서 내게도 요구하셨다. 누구보다 스스로에게 가장 엄격했던 아버지셨다.

내가 아버지를 가장 존경하는 이유는 바로 이 점 때문이다. 많은 부모들이 아이들에겐 공부하라고 하고는 본인들은 텔레비전을 보지 않는가? 많은 사람들이 남에겐 엄격하고 자신에겐 관대하지 않는가?

당신이 몸소 실천하면서 가르치고 키워주신 아버지. 나뿐만 아니라 우리 형제들에게도 '너는 꼭 뭐가 되라!'는 말씀은 안 하셨는데, 지금도 난 가끔 궁금하다. 내가 뭐가 되길 원하셔서 아버지는 어린 내게도 그렇게 강도 높은 훈련을 시키셨을까?

## 아버지가 깎아주신 연필과 공부 계획표

　내가 초등학교에 입학하면서부터 아버지는 늘 내 필통의 연필들을 가지런히 깎아주셨다.

　난 학교에서 필통을 꺼낼 때마다 기분이 아주 좋았다. "너희도 아버지가 이렇게 챙겨주시니?" 하며 친구들한테 자랑하고 싶은 마음도 들었다.

　하지만 알록달록한 옷을 입고서 가지런히 깎인 연필들은 한편으론 내게 '공부 제대로 해!' 하고 말하는 것 같기도 했었다.

　아버지의 자상함과 엄격함이 함께 묻어났던 내 어린 시절 필통과 연필들. 컴퓨터로 작업을 많이 하면서도 지금도 난 필통과 연필을 쓴다. 무슨 일이건 시작할 때는 먼저 필통에 연필을 가지런히 깎아 놓아야 마음이 놓인다. 연필을 깎으면서 새로운 일에 대해 마음을 집중하고 짜임새 있게 계획을 세운다.

본인이 원칙적이었던 아버지는 내게도 일찍부터 삶의 원칙들을 엄하게 가르치셨는데, 아버지가 연필을 가지런히 깎아주신 일은 가장 기본적인 원칙인 셈이었다. 무슨 일이건 제대로 준비해놓고 시작해야 한다는 원칙말이다.

아버지는 내게 시간표도 짜게 하셨다. 몇 시에 일어날지, 몇 시부터 어떤 과목을 공부할지, 또 얼마만큼만 놀지 등을 구체적으로 정하게 하셨다. 아버지도 방학이면 시간표를 짜서 공부를 하시니 나도 그 모습을 보고 배우면서 자연스럽게 따르게 되었다. 처음엔 시간표를 제대로 지키는 게 버거웠지만 꾸준히 지켜나가다 보니 나중엔 안 지키거나 못 지키면 마음이 영 개운치가 않았다. 어느새 시간표를 지키는 게 습관처럼 되어버린 것이다.

시간표를 직접 짜다 보니까 난 어릴 때부터 계획을 잘 세웠다. 나뿐만 아니라 우리 형제들은 아버지한테 용돈을 받으려면 미리 계획을 세워야 했다. 즉흥적으로 용돈을 받을 순 없었기에 언제, 어디에, 뭐가 필요한지를 미리미리 확인해놔야 했다. 가령 공책은 다 써야만 새로 살 수 있어서 며칠 후면 다 쓴다는 계산이 돼 있어야만 했다. 우리들은 그런 식으로 미리 계획하고 짜임새 있게 공부하고 생활하는 습관이 붙었다.

난 자잘하게 시간표 짜는 일에서부터 엄격한 공부 점검에 이르기까지 아버지가 내게 강력한 훈련을 시키는 것에 별로 반발심이 생기지 않았다. 아버지가 당신은 지키지 않고 내게 말로만 가르치셨다면 반발심이 들었을 것이다. 하지만 아버지는 당신이 지키지 않는 것은 우리들에게도 강요하지 않으셨다. 당신이 스스로 열심히 지켜나가는 모습을 보여주시니까 난 아버지를 존경했고, 나도 아버지처럼 하는 게 당연하다고 생각했다.

그렇게 아버지를 따라 하다 보니 내게도 차츰 아버지의 의지와 추진력이 생겨났다. 미국 명문대학교인 콜롬비아와 코넬에 다니는 아들과 딸에게서도 아버지와 비슷한 모습이 보이는 걸 보면서, 아버지가 내게 심어주신 것들에 더 감사하게 된다.

물론 난 아버지에 비해서 내 아이들한테 십분의 일도 못해줬는데도 다행히 아이들이 잘 자란 것은 아버지가 아직도 우리를 보고 계시며 보살피기 때문이라고 믿고 있다.

난 아버지 서재에 들어가는 게 참 좋았다.
그 안에선 늘 익숙하고 편안한 풍경이 펼쳐졌기 때문이다.
아버지가 공부하실 때 고양이가 아버지 등에 기댄 채 회전의자에 앉아 졸고 있기도 했다.
그러다 내 발자국 소리에 깨서 자기 자리를 빼앗길까 싶은지 날 할퀴기도 했다.
그러나 고양이는 결국은 아버지 등과 회전의자 사이의 그 따뜻한 공간을
나한테 양보하고 물러나야 했다.
마치 나랑 싸워봤자 질 게 뻔하다는 걸 아는 것처럼.
사실 나도 아버지 닮아서 한 고집한다.
이 세상에서 가장 따뜻했던 아버지의 등.
난 거기에 기대어 잠이 들곤 했다.

3부 /

# 공부가 취미이자
# 특기였던 경제학자

## 경제학 논문 당선과
## 국립대학교 교수직 발령

6.25가 터졌을 때 아버지는 대학교에 강의를 나가시고 어머니는 혜화초등학교로 옮겨서 아이들을 가르치고 계셨다. 그러나 두 분도 부랴부랴 짐을 싸서 어린 두 딸과 질녀를 데리고 피난길에 올라야 했다.

서울을 빠져나가는 기차를 간신히 타고 몇 십리 길을 걸어서 우리 가족이 도착한 곳은 천안 소정리였다. 아버지의 일가가 사시는 산 속 벽촌으로 들어간 것이다. 산이 얼마나 깊었는지, 다른 지방들과 왕래라곤 없었는지, 그 마을 여인네들은 평생 오징어는 구경도 못했을 만큼 아주 외진 곳이었다.

우리 가족은 거기서 1년쯤 있었다. 먹을 게 없어서 더 오래 버틸 수가 없었다. 아버지는 가족들을 데리고 부산으로 내려갔다.

영어를 잘하시던 아버지는 미국대사관에 취직을 하셨다.

피난 생활이긴 하지만 아버지가 월급을 받아오셔서 우리 가족은 궁핍한 생활은 면할 수 있었다. 하지만 아버지의 미국대사관 시절은 짧게 끝났다. 문교부에서 아버지에게 국립 공주대학교 사범대학 교수직 발령을 내렸기 때문이다.

1952년에 우리 가족은 다시 짐을 싸서 충청도 공주로 갔다. 어머니 뱃속엔 셋째 언니가 들어 있었다. 공주대학교 사범대학 측에선 아버지에게 사택을 내주었고, 우리 식구들은 전쟁의 회오리바람도 잦아 상대적으로 평온한 공주에서 안정된 생활을 하였다.

아버지는 마흔두 살, 어머니는 서른세 살, 첫째 언니는 다섯 살, 둘째 언니는 세 살 때였다. 오랫동안 우리 집 식구가 되어 살던 아버지의 질녀도 시집 갈 나이가 다 돼 있었다.

아버지가 국립대학교 교수직을 받은 데엔 일제시대 때 당선된 경제학 논문이 가장 큰 영향을 미쳤다.

아버지는 결혼하기 전에 일본에서 실시한 경제학 논문 모집에 당선을 했었다. 일본은 자국인 일본과 식민지였던 만주와 한국의 전공 학자들과 학생들을 대상으로 대대적으로 논문을 모집했었다.

일본 유학생들과 거사를 벌이고 투옥되는 바람에 와세다 대학교 경제학부 3학년을 다니다 학업을 중단하고 귀국해야 했던 아버지는 학문에의 뜻을 결코 접지 않으셨나 보다. 유학 시절에 논문 구상을 이미 해놓으신 것인지, 귀국해서 은행에 다니던 시절에 구상하기 시작한 것인지는 모르겠다.

아무튼 우수한 인재들이 모인 일본 제국대학 교수들도 응시한 논문 모집에서 아버지는 일본과 한국, 만주의 경제학 학자들을 제치고 당당히 당선을 하신 것이다.

식민지 유학생 신분으로 자국의 대학교를 다니다 3학년 때 퇴학당한 조선인이 당선을 했다는 사실은 일본에서도 실로 충격적인 사건이었을 것이다.

그 논문을 정리만 하는 데도 3년이나 걸렸다니 아버지의 혼신이 담긴 작업이요, 경제학자로서 자신의 비전을 발견하고 학문에 뜻을 세운 후 오랜 세월에 걸쳐 이룬 결실이었다.

아버지는 6.25 전후로 경제학 서적도 세 권을 내셨다. 종로 정치대학(현재 건국대학교)에서 경제학을 가르치기도 했지만, 이제 국립 공주대학교 사범대학 경제학과 교수로 정식 발령을 받았으니 아버지의 오랜 숙원이었던 학자의 길이 활짝 열린 것이었다.

아쉽게도 우리 식구들이 서울에서 천안, 천안에서 부산, 다시 부산에서 공주, 그리고 나중에 다시 서울로 올라오면서 아버지의 당선 논문과 경제학 책들은 하나, 둘 사라졌다.

피난 살림에 책들까지 싸갈 순 없었을 테고, 나중에 식구들이 서울로 올라왔을 땐 성북동 집은 반 폐허가 된 상태라 책들이 온

전하게 남아있을 리가 없었다. 그나마 남아 있던 책들도 아버지가 돌아가시고 나서도 한참 후에 30년 넘게 살던 집을 팔고 이사하면서 어머니가 다 버리셨다고 한다. 보관 상태도 나빴거니와 사람은 없는데 책들이 무슨 의미가 있으랴 싶으셨던 것 같다.

## 책 보는 게 취미였던 학자

아버지가 국립 공주대학교 사범대학의 교수가 되고 나서 1년 후쯤, 아버지와 어머니는 두 집 살림을 시작하셨다. 6.25가 터지면서 문을 닫았던 학교들이 다시 문을 열면서 어머니가 서울에서 다시 교사 발령을 받으셨기 때문이다.

그래서 아버지는 첫째 언니와 질녀랑 공주에 머물고, 어머니는 둘째와 셋째 언니를 데리고 서울로 가게 되었고, 방학이 시작되면 곧바로 어머니는 짐을 챙겨서 언니들을 데리고 공주로 내려가셨다.

학기 중엔 아버지와 첫째 언니, 그리고 아버지의 질녀, 이렇게 세 사람이 단출하게 살던 사택. 그러나 방학이 되면 아이들 셋이 종알대거나 칭얼대며 내는 소리, 가끔은 자매들끼리 싸움도 하다가 혹은 아버지나 어머니한테 혼이 나서 누군가 훌쩍거리는 소리, 식구들 챙기느라 분주한 엄마의 치맛단 스치는 소리와 잔소리가 이어지면서 북적거렸다. 그러다 방학이 끝나 가면 어머니는 다시 짐을 싸서 두 딸을 데리고 서울로 올라오셨다. 그런 생활이 한 4년 이어졌다.

아버지는 학기 중에도 사택에 계시는 시간이 많았다. 당시는 교수 연구실이란 게 따로 없었으니, 수업이 없을 때는 아버지 서재가 교수 연구실인 셈이었다. 첫째 딸은 질녀가 잘 돌봐주고 있으니 아버지는 마음 놓고 서재에서 책과 씨름하면서 논문도 쓰면서 시간 가는 걸 잊으셨을 것이다.

아내와 두 딸은 서울에 보내놓고 지방에서 딸내미랑 질녀를 데리고 떨어져 살면서 홀아비 아닌 홀아비 생활을 해야 했던 40대 중반의 가장에게 따로 몰두할 일이 없다면 그 생활이 얼마나 허허했을까. 술도 도움이 되지 못했을 테니 말이다.

술이 체질에 맞지 않은지 아버지는 술이 좀 과하면 얼굴이며, 온몸이 붉어지셨다. 속도 부대끼는지 새벽 내내 잠을 못 이루셨다. 그러니 동료 교수들과의 회식자리에선 한두 잔 마시는 시늉만 했지 취할 때까지, 인사불성이 될 때까지 마시는 경우는 거의 없었다.

술을 즐기지 않으시니 아무래도 아버지는 밖에서 사람들하고 어울리는 게 편치 않으셨을 게다. 아버진 성품이 워낙 강직하셨기에 너스레를 떤다는 건 흉내도 못 내시던 분이다. 그러니 술기운을 빌어서 자신을 풀어놓는 것도 아버지로선 힘든 일이었을 것이다.

내가 나중에 술을 마시게 되면서 술자리에서 여러 사람들하고 어울려 보니까 아버지에겐 술자리가 고역이었을 것 같다. 당신도 스트레스를 풀면서 사람들하고 편하게 어울리질 못하고, 다른 사람들한테도 편한 술친구가 되진 못하셨을 테니까.

모든 일에 양면성이 있듯이, 아버지는 술을 즐기지 않으셨기에, 술친구들하고 어울려 야밤까지 밖으로 도는 경우가 없었기에, 귀가가 늘 빨랐다. 술 좋아하는 이들은, 사람들과 밖에서 자주 어울리는 이들은 '저 양반, 집에 마누라도 없는데 무슨 재미로 살까?' 싶기도 했을 것이다.

그러나 아버지에겐 가족 이외엔 그 누구도, 당신의 천직 외엔 이 세상의 그 무엇도 줄 수 없는 즐거움이, 행복이 있었다. 독서하고 공부하고 논문 쓰고 책을 쓰고 학생들을 가르치는 일이 아버지에겐 천직이요, 유일무이한 취미였다.

나중에 오빠랑 내가 태어나고, 위의 세 언니들도 초등학교에 가면서 아버지는 늦게 퇴근하는 어머니를 대신해서 우리들과 많은 시간을 보내셨다. 자연히 당신의 천직과 취미에 몰두하는 시간은 줄어들게 되었다. 워낙 가정적인 분이시라 우리들과 함께 하는 시간들도 아버지에겐 기쁨이었겠지만, 당신만의 세계에 푹

빠질 수 있는 특권은 어느 정도 포기하셔야 했다.

그러니 비록 아내와 두 딸과는 떨어져 살았어도, 그때는 아내를 대신해서 올망졸망한 아이들을 가르치고 돌보느라 시간을 빼앗기진 않았기에, 4년여의 공주 생활이 아버지 개인적으론 당신의 천직이요, 취미인 책보는 일에 가장 많이 몰두할 수 있었던 시기가 아니었을까 생각한다.

## 책 보면서 편두통을
## 이겨내던 희한한 체질

"너 보면 아버지 생각이 난다. 아버지 하면 가장 먼저 떠오르는 이미지가 책상 앞에서 공부하시는 분, 책 읽으시는 분이야. 이젠 너도 좀 쉬어가면서, 몸도 좀 챙겨가면서 살아. 그렇게 죽자 살자 일에만 매달리지 말고."

작년 9월부터 한 달 보름 정도 일정으로 서울에 들어와 있던 효경 언니. 바쁘게 사는 내가 걱정이 되는지, 편찮으신 중에도 논문을 쓰시느라 1년여 동안 애쓰시다가 결국 끝내지 못하시고 돌아가신 아버지 생각이 나서인지, 언니의 눈가는 촉촉해졌다. 본인도 아이들을 키우면서 계속 일을 해왔으면서도 오랜만에 만난 언니는 내가 너무 무리를 한다고 했다.

나이를 먹으면서 휴식과 재충전이 중요하다는 걸 알게 되었지만 입에 커피를 달고 살다시피 하고 있으니, 언니가 내 건강을 걱정하는 것도 무리는 아니다.

나만 그런 게 아니라 우리 형제들은 모두 아버지를 닮아서인지 게으름을 모른다. 일하고 가정에만 매여서 어쩌면 너무 빡빡하게 살아왔는지도 모르겠다.

하지만 여유 있게 좀 쉬면서 사는 건 내 스타일이 아닌 것 같다. 아버지를 닮아서 그런가?

아버지는 키가 크고 마른 체격에 약한 체질이셨다. 우리 형제들은 대체로 아버지 체질을 물려받아서 어려선 감기도 잘 걸리고 잔병치레도 많았다. 혜화동의 유명한 소아과 의사들은 거의 다 알 정도로 병원을 자주 들락거렸다.

아버지는 편두통도 심하게 앓으셨는데, 내겐 이놈의 편두통이 아버지가 물려주신 유산 중에서 유일하게 좋아할 수 없는 항목이다. 아들은 운 좋게도 빗겨갔지만, 딸들은 모두 편두통을 유산으로 물려받았는데, 내가 제일 심한 것 같다.

편두통은 유전이고 약으로 조절할 뿐 치료는 되지 않는다. 편두통만큼 고약한 병도 드물 것이다. 자신은 너무 괴로운데 남들은 그 고통을 잘 모른다. 발작이 오겠다 싶으면 그때를 놓치지 않고 약을 먹어야지, 약 먹을 시기를 놓치면 약도 못 먹는다. 다 토하니까 물도 삼킬 수가 없다. 눈동자만 움직여도 토하니 2박 3일을 꼬박 집에 누워만 있어야 한다.

그런데 희한하게도 아버지는 편두통을 앓으면 책을 펼치셨다. '책을 보면 안 아프다.'던 아버지. 정말 그게 가능할까? 지금까지도 풀지 못한 미스터리이다.

## 아버지의 회전의자, 평생 공부해야 하는 어른들의 세계

　1962년인가, 오빠가 성북초등학교에 입학할 즈음해서 우리 집은 같은 동네에 있는 좀 더 넓은 집으로 이사를 하였다. 큰언니는 경기여자중학교, 둘째 언니와 셋째 언니는 혜화초등학교에 다니고 있었고, 난 다섯 살 꼬마였다.

　당시 아버지는 일주일에 3일은 동국대학교에서 수업을 하시고 일주일에 3일은 조흥은행으로 출근을 하셨다. 조흥은행은 아버지의 첫 직장이다. 제일은행을 거쳐 공주대학교 사범대학, 동국대학교로 이어지는 경력으로 아버지는 경제학의 이론과 실제를 두루 겸비하고 있었기에 아버지는 첫 직장과 다시 인연을 맺고 고문 역할을 하셨다. 어머니는 셋째 언니가 초등학교에 입학할 때 혜화초등학교에서 다른 학교로 전근을 가셨는데, 2년 후인

1964년에 그 학교에서 교감으로 승진하셨고, 한참 후에 교장으로 다시 혜화초등학교로 오시게 되었다.

이사를 간 2층 집은 일본식으로 지어진 새 건물이었다. 골목을 따라 고만고만한 일본식 집들이 쭉 늘어서 있었는데 우리 집이 2호였다. 마당엔 우물도 있었다. 냉장고가 없던 시절이라 여름엔 그 우물이 우리 집 냉장고였다. 수박이나 참외를 사면 과일 전용 두레박에 넣어서 우물물에 담가두었다가 두레박을 길어 올려 꺼내먹곤 했는데 그 맛이 참으로 시원하면서도 달았다.

집 안으로 들어가면 1층엔 좁은 복도가 나오면서 방 2개, 화장실, 부엌이 있었다. 2층으로 올라가는 계단도 있는데, 우리 형제들은 그 계단에서 한두 번씩은 굴렀던 것 같다. 2층엔 방이 2개 있었는데, 하나가 아버지 서재였다.

난 아버지 서재에 들어가는 게 참 좋았다. 그 안에선 늘 익숙하고 편안한 풍경이 펼쳐졌기 때문이다. 아버지가 공부하실 때 고양이가 아버지 등에 기댄 채 회전의자에 앉아 졸고 있기도 했다. 그러다 내 발자국 소리에 깨서 자기 자리를 빼앗길까 싶은지 날 할퀴기도 했다. 그러나 고양이는 결국은 아버지 등과 회전의자 사이의 그 따뜻한 공간을 나한테 양보하고 물러나야 했다. 마치 나랑 싸워봤자 질 게 뻔하다는 걸 아는 것처럼. 사실 나도 아버지 닮아서 한 고집한다. 이 세상에서 가장 따뜻했던 아버지의 등. 난 거기에 기대어 잠이 들곤 했다.

큼지막한 회전의자에 앉아서 빙그레 돌면 이 세상이 다 내 것인 양 가슴이 뿌듯해졌다. 아버지는 집에 계실 땐 주로 그 서재에 계셨다. 저녁에 퇴근하시는 어머니를 대신해서 우리들 공부도 챙겨주시고 같이 놀아주기도 하셨지만, 어머니가 오시고 저녁밥도 먹으면 아버지는 새벽 2, 3시까지 서재에 계셨다. 그 회전의자에 앉아서.

큼지막한 책상에 두꺼운 책을 펴놓고 검은색 뿔테 안경을 낀 50대 남자가 회전의자에 앉아서 공부를 하는 모습은 어린 내겐 너무나 당연한, 친숙한 어른의 모습이었다. 중학생, 초등학생 언니들보다도 아버지가 공부를 더 열심히 하시는 것 같았다. 언니들은 가끔 만화책도 보고 공부하기 싫어서 놀 궁리도 하다가 아버지한테 혼도 나고 하는데, 아버지는 누가 혼내는 것도 아닌데 어떻게 저렇게 늘 공부만 할까? 나는 겨우 한글을 깨친 후라 동화책이나 그림책을 보면서 책 속에 펼쳐진 신기한 세상을 구경하는 맛을 조금은 알고 있었지만, 깨알 같은 글자들과 복잡한 도표들이 빽빽하게 들어있는 책들이 재미있을까 싶었다. 한편으론 어른이 되는 게 그렇게 좋기만 한 것도 아닌 듯싶었다.

'어른이 되면 다른 취미도 없이 늘 저렇게 공부만 해야 하는구나…….' 아버지 서재에선 그런 생각을 자주 했었다.

아버지의 서재는 내가 처음으로 마주친 어른들의 세계였다. 어머니도 평생 일을 하셨지만, 집에 오시면 아버지랑 우리들 챙기

시랴, 이것저것 집안 살림 신경 쓰시랴, 따로 책을 보거나 할 시간이 거의 없으셨다. 어머니는 학교에서 수업 시간이 빌 때 이런저런 책도 보시고 수업 진도에 필요한 자료도 찾아보고 하셨으리라.

그러나 아버지는 성북동 2층 집 서재가 교수 연구실인 셈이었다. 대학교에서 강의를 하거나 은행에 나가 일을 보실 때, 그리고 오빠를 데리고 치료를 받으러 다니시고 우리를 챙겨주실 때 외엔, 아버지는 거의 모든 시간을 서재에서 책을 보시면서 보내셨다. 그러니 내가 어른이 되면 두툼한 뿔테 안경을 쓰고 꼼짝없이 공부만 해야 한다고 생각한 것도 무리는 아니었다.

## 기역자로 굽은 오른쪽 넷째 손가락

아버지 손을 붙잡고 약수터에 다니던 어린 시절. 그때마다 아버지의 따뜻한 손길이 내 손에 전해져 왔다. 아무리 추운 겨울날에도 아버지 손만 잡고 있으면 따뜻한 온돌방도 그립지 않았다.

그런데 궁금하면서도 왠지 마음이 아파오는 한 부분이 있었다. 그것은 늘 굽어 있던 아버지의 오른쪽 넷째 손가락이었다. 왜 그러냐고, 왜 그렇게 됐냐고 아버지한테 물어본 것 같진 않다. 어린 마음에도 그런 건 쉽게 물을 수가 없다는, 아버지 마음을 아프게 할 거라는 마음이 들었나 보다.

나중에야 어머니한테 그 이유를 들을 수 있었다. 일본에서 그렇게 됐다고 하셨다.

어머니도 아버지한테서 대략적인 얘기만 들었기에 정확한 시기나 내용은 잘 모르지만, 아마도 아버지의 일본 유학 생활이 3년째로 접어들었을 때 일이었던 것 같다고 하셨다.

아버지 나이 25세. 연도로는 1936년이었을 것인데, 그때는 역사적으론 우리나라에서도 독립운동을 하던 사람들이 일본인에게 많이 잡혀가 곤혹을 치렀지만 여전히 독립운동의 열기가 드높았고, 만주로 건너간 사람들과 일본 유학생들 사이에서도 항일 의지가 높았던 시기다.

아버지가 와세다 대학교 경제학부 3학년에 다니고 있을 때, 한국과 중국의 일본 유학생들도 모여서 거사를 벌였다. 아버지도 거기 참여했다가 일본 헌병들한테 잡혀서 감옥에 들어갔다고 한다.

일본에서 독립운동을 한 조선인 유학생들을 일본 당국에서 곱게 대했을 리는 만무하다. 아버지는 몽둥이로 두들겨 맞았다. 그때 아버지는 머리만은 다치지 않게 하려고 두 손으로 몽둥이를 막았는데, 그만 오른쪽 넷째 손가락 가운데 뼈가 부러지면서 안으로 휘어졌다고 한다. 일본 당국에서 그 손가락을 치료해줄 리도 없으니 그 후 아버지의 오른쪽 넷째 손가락은 기역(ㄱ)자로 영영 굽어버렸다고 한다.

아버지가 감옥에서 얼마나 있었는지는 모른다. 다행히도 일본 당국이 보기엔 죄질이 아주 나쁜 조선인은 아니었다고 판단을 했는지, 똑똑한 일본 젊은이들도 들어가기 힘든 와세다 대학교 경제학부 유학생이라 봐준 것인지, 아님 평소에 아버지를 아꼈던 고위직 일본인의 청이 들어가서인지 아버지는 감옥에서 쉽게 풀려나셨다.

하지만 아버지가 감옥에 들어가면서 대학교 측에서 아버지를 퇴학 처리하여 강제적으로 학업이 중단되었다. 그런 와중에 서울에 계신 할머니가 아프다는 연락이 와서 아버지는 한국으로 돌아올 수밖에 없었다.

우리 아버지는 공부만 하라면 가장 행복해하실 분이다. 고학하면서 배를 곯는 일이 있어도, 손가락 하나가 굽어졌어도, 일본인 밑에서라도, 원대로 공부만 할 수 있다면 그 모든 시련과 좌절도 다 이겨내시면서 학문에서 한 줄기 빛을, 살아야 하는 의미를 찾으셨을 분이다.

그런 아버지가 학업을 중단하고 현해탄을 건너 다시 고국으로 돌아올 때의 심정은, 그 절절한 마음은 아버지만이 아실 것이다. 어수선한 세상에서, 그나마 학문의 세계에서 자신의 길을 열기 위해 온몸과 마음을 던져 자신과 세상과 싸우던 20대 중반의 젊음이, 비상을 꿈꾸던 젊음이 모진 외풍에 한쪽 날개가 꺾인 채 다시 바다를 건너와야 했던 심정이란…….

## 청년 가장의
## 은행원 생활과 일본 유학

 아버지는 3년 정도 제일은행에 다니다가 일본 유학을 떠나셨다. 강경상업고등학교(이하 강경상고)에서 두각을 나타내며 6년 과정을 마치고 우수한 성적으로 졸업한 아버지에게 일본인 선생들도 일본 유학을 권했지만, 집안 형편상 아버지에겐 취직이 우선이었다. 당시 강경상고에선 일본인이건, 한국인이건 우수한 졸업생들은 취업을 시켜주었다. 전교 1등은 현재의 산업은행인 식산은행으로, 전교 2등은 제일은행으로 갔다고 하는데, 아버지는 졸업과 동시에 서울 제일은행 본사에 취직이 되셨다.
 그렇게 해서 20세에 아버지는 그동안 자신의 공부를 뒷바라지해준 홀어머니와 중학교에 들어가는 남동생의 생계와 학비를 책임지는 집안의 가장이 되었다.

아버지가 당시 신세계 백화점 옆에 있던 제일은행 본사로 출퇴근을 하자, 할머니는 큰아들을 따라가기 위해 논산 집을 정리하셨다. 할머니와 아버지, 작은 아버지, 이렇게 세 식구의 서울살이가 시작된 것이다.

그렇게 한 3년이 흘렀고 아버지는 23살 때, 제일은행에 사표를 내고 일본행 배를 타셨다. 할머니도 그랬겠지만 아버지도 근검절약이 평생 몸에 배인 분이었으니, 3년간 아버지가 받은 월급으로 그동안 세 식구가 먹고살고 남동생 중학교 공부도 시키면서도 약간의 여윳돈이 모여졌나 보다.

동경에 도착한 아버지는 와세다 대학교 경제학부에 들어갔고, 학비를 벌어가면서 경제학 공부에 매달렸다. 고등학교 때 담임이었던 일본인 선생님이 아버지가 와세다 대학교로 유학 가는 데 도움을 주셨다고 한다.

그동안 서울에 계신 할머니와 작은 아버지는 생계를 어떻게 꾸려 가셨을까. 얼마 안 되기 하지만 그 전에 알뜰살뜰 모아둔 돈으로 생활하셨는지, 할머니가 나가서 생활비를 버셔야 했는지, 고학하는 아버지가 번 돈을 어느 정도 서울 집에 보태줬는지 정확히는 모른다.

언젠가, 당시 충청도 공주엔 우수한 유학생들에게 지금의 장학금 식으로 학비를 얼마 보태주는 큰 부자가 있었다는 애길 어머니한테 얼핏 들었다.

"너희 아버지도 일본으로 떠날 때 그분께 도움을 좀 받았다지? 아버지가 동국대학교에 다니실 때 사환으로 일하는 학생들 학비도 보태주고 한 건 젊었을 때 당신이 받은 게 있어서 그러신 거야. 받았으니 갚아야 한다고 하셨지."

남한테서 절대 공짜로 뭘 받는 일이 없던 아버지였으니. 아버진 공주의 큰 부자라는 그분께 받은 도움을 어떤 식으로든 갚아야 하셨을 거다.

그분이 주신 돈이 도움이 되긴 했어도 아버진 일본에서 공부를 하면서 계속 돈을 벌어야 했다. 학기 중엔 약방에 취직해 일하면서 공부하고, 여름 방학 땐 산 속에 들어가서 공부를 하셨다. 일본엔 산에 조그마한 움막들이 있다고 한다. 산에 온 등산객들이 잠시 쉬어가는 공간인데, 아버진 생활비를 줄이려고 거기서 먹고 자고 하셨다.

## 은행원 지점장을 마다하고
## 대학교 강사가 되신 아버지

어머니가 우리 5남매 중 첫째인 미경 언니를 임신하고 있는 동안 우리 집엔 큰 변화가 있었다. 아버지가 서른여섯 살, 어머니가 스물일곱 살 때였다.

어느 날, 어머니가 저녁 설거지를 끝내고 안방으로 들어오니 아버지는 뭔가 골똘히 생각하는 표정으로 담배를 피우고 계셨다. 다 탄 담배를 재떨이에 눌러 끄고 나서 아버지는 어머니 얼굴을 쳐다보셨다.

"은행에서 발령이 났소. 경상도 문경 지점장으로."

아버지는 그때까지 계속 조흥은행 본점에 다니고 계셨다.

"시골이긴 하지만 그래도 당신, 승진하신 거네요?"

"음."

어머니는 마음이 두 갈래로 교차했다. 남편이 승진을 했으니 당연히 기뻐야 하는데 임신한 몸으로 시골까지 따라갈 순 없었다. 학교는 또 어떻게 하고? '저이도 이런저런 사정을 생각하니까 승진 사실이 기쁘지만은 않은 표정 아닌가?' 어머니는 자신의 입장을 분명하게 해야겠다고 결심하셨다.

"전 그 시골까진 못 가요."

아버지는 이렇다저렇다 말씀이 없으셨다.

그리고 며칠 후, 아버지는 결론을 내리고 어머니에게 말씀하셨다.

"은행 그만 두겠소."

어머니는 가슴이 덜컹 했지만 뭐라고 할 수가 없었다. 부부가 떨어져 지낼 수는 없으니 남편이 문경으로 가자고 하면 어쩔 수 없이 당신이 사표를 내야 할 판이었다. 남편 월급만으로도 충분히 살 수는 있지만 학교를 그만둘 순 없었다. 아이들 가르치는 것도 좋거니와 배운 게 아까워서라도 집에 들어앉을 수는 없었다. '하지만 남편이 덜컹 사표를 내면 당장은 내 월급만으로 살아야 할 텐데……. 저 양반, 다른 데 알아보고 하는 소린가?'

어머니는 좀 불안했다. 하지만 어머닌 누구보다도 남편의 성격과 실력을 잘 알고 있었다. 절대 자신 없는 얘길 할 사람도 아니고, 가장으로서 책임에 소홀할 사람이 아니었다.

"당신이 알아서 하세요."

어머니는 이 말밖에 할 수가 없었다.

다음날 아버지는 은행에 사표를 내셨다. 그리고 어머니의 믿음처럼 휘문 고등학교 영어 선생님이라는 금방 다른 일자리를 얻으셨다.

아버지 영어 실력이 대단하긴 하셨나 보다. 일제 강점기에 중·고등학교를 다니셨고 일본 유학까지 하셨으니 일어를 잘하는 건 자연스러운 일이겠지만, 언제 영어까지 마스터하셨을까? 그 덕분에 나중에 우리 형제들도 아버지한테 영어를 배우느라 고생 꽤나 했지만 말이다.

휘문 고등학교에서 영어를 가르치던 아버지는 다음 학기부턴 종로 정치대학에도 강사로 나가시면서 경제학과 영어도 가르치셨다. 그렇게 해서 2, 3년 간 아버지 손엔 분필가루가 묻는 날들이 이어졌다.

그러던 중 1950년에 둘째인 문경 언니가 태어났다. 그리고 몇 달 후 6.25가 터졌다.

## 성북동 옛집으로 귀환

1956년에 아버지가 동국대로 다시 발령을 받으시면서 두 집 살림은 끝났고 우리 식구들은 다시 모여 살게 되었다. 어머니는 계속 혜화초등학교에 다니고 계셨는데, 공주에서 세 식구가 올라오기 전에 성북동 집을 고치셨다. 피난을 가느라 그동안 빈집으로 놔두었던 곳이었다.

결혼하시면서 아버지가 마련하신 집, 아버지와 어머니의 피를 이어 받고 두 생명이, 아니 세 생명이 태어난 집이었다. 그러나 한 생명은 돌도 되기 전에 부모님 가슴속에 묻히고, 친할머니도 효자 아들의 가슴속에 간직된 채 저 세상으로 떠나신, 두 죽음을 맞이한 집이기도 했다. 아버지의 질녀도 이 집은 잘 기억하고 있었을 것이다. 공주에서 태어난 셋째 언니만이 그 집이 낯선 아이였다. 그러나 곧 친숙하게 될 아이였다.

아, 그 집과는 인연이 없는 생명이, 우리 식구들과는 불완전한 인연을 맺고 잠시 이 세상에 왔던 아이가 또 있었다. 첫 아이에 이어 또 아이를 가슴속에 묻어야 했던 부모님의 심정을 나로선 글로 옮길 수가 없다.

사람들 가슴에 생채기를 남기면서도 시간은 또 무심하게 흐르면서 마음의 상처들을 조금씩 어루만져 준다. 하지만 끝내 아물지 않고 곪은 채로 남는 상처도 있으리라. 다른 기쁜 일들이 우리 삶에 찾아와서 살아있음에 그래도 감사할 수 있을 때까지 같은 상처를 입은 사람들끼리 서로 위로하고 감싸주는 것 외에 우리가 달리 무엇을 할 수 있으랴.

어머니와 아버지도 그렇게 서로를 감싸 안으면서, 아픔은 서로에게 감추면서 살지 않으셨을까. 세 딸의 초롱초롱한 눈망울을 바라보면서 제발 오래오래 건강하게 자라기만을 바라며, 살아야 할 힘을 또 끌어올리면서 말이다.

가슴에 묻어둔 아픔이 커도 세 아이를 지켜내는 것이 아버지와 어머니에겐 무엇보다 중요했을 것이다. 또 충실해야 하는 당신들의 천직이 있어서 그러했을 것이다.

성북동 집으로 다시 들어가면서 아버지와 어머니는 새로운 각오와 다짐을 하셨으리라. 삶은 계속되어야 하니까.

## 아버지는 스트레스를
## 어떻게 푸셨을까

작년에 뉴질랜드에서 잠시 들어온 효경 언니는 "과하면 부족한 만 못하다."며 내게도 일을 좀 줄이고 몸도 생각하면서 살라고 했다. 생각해 보니 과로에 무리를 하는 건 나도 아버지를 닮은 것 같다. 아버지에 비하면 그나마 난 그래도 간간히 놀면서 살았다.

나는 어머니를 닮았는지 어려서부터 노는 데는 누구에게도 지지 않았다.

어머니는 집안도 잘살았고 공부도 잘하셨지만 처녀 적에 놀기도 잘하셨다고 한다. 외가에서는 아들 넷에 막내딸이어서 사랑도 많이 받았다고 한다. 167센티미터의 늘씬한 키에 활달한 성격, 사람들하고 어울리길 좋아하셔서 친구도 많으셨는데, 어머니는 일할 때는 일하고 놀 때는 놀 줄 아시는 분이셨던 것 같다. 어머니가 아흔 살을 바라보는 연세에도 아직 정정하신 편인 데에는 간간이 잘 놀면서 스트레스를 풀면서 사신 이유도 크지 않을까 싶다.

그러나 아버지는 노는 것하곤 담을 쌓으신 분이셨다. 간간히 술도 좀 드시면서 스트레스도 푸셔야 했을 텐데, 아버지는 술도 즐기지 않으셨다.

굳이 술이 아니더라도 아버지는 스트레스를 풀 만한 취미가 없으셨다. 담배는 피우셨지만 병을 앓으면서 끊었으니, 그야말로 책 보는 게 일이자, 특기요, 유일한 취미였다. 시대적 상황 때문에도 그랬겠지만 자식들을 부지런히 키우다가 돌아가셨으니 아버지는 평생 잡기란 걸 모르고 사셨다.

그랬기에 아버지가 더욱 가정적일 수 있었겠지만, 정신적으로건 육체적으로건 많이 힘드셨을 텐데, 아버지는 어떻게 스트레스를 푸셨는지 정말 궁금하다.

'일 잘하는 사람이 놀기도 잘한다.'는 말이 있는데, 아버지는 예외적인 경우이다. 오로지 일만 하는 사람들은 잠자는 게 취미라고도 하는데, 아버지는 잠도 참 적게 주무셨다.

얼마 전 미국 펜실베니아 주립대학교 의과대학 알렉산드로스 브곤차스 연구원과 그의 연구진이 건강한 젊은이 25명을 일주일간 하루 6시간만 자게 한 뒤 조사한 결과를 발표했다. 건강한 젊은이들도 잠이 부족하니 낮에 졸음이 쏟아지는 것은 물론 체내 호르몬 분비에 이상 징후가 나타났다.

현대인의 사망 원인 1, 2위를 다투는 암과 심장질환의 요인인 고혈압에도 불충분한 수면이 치명타라는 연구 결과가 나왔다. 매일 밤 지속되는 수면 장애도 비만, 심장병 등 다양한 질병의 원인이 된다는 연구 결과도 나왔다. 잠이 사람에게 얼마나 중요한 역할을 하는지 단적으로 보여주는 예이다.

아버지는 젊어서부터 건강하셨을 때는 물론이고 암에 걸린 후에도 몸 상태가 좀 좋아지면 거의 새벽 2, 3시까지 깨어서 서재에서 책을 보시고 논문을 쓰고 하셨다. 감기나 몸살 같은 잔병치레를 자주 하셨으니 강단 있는 체질은 아니었는데, 너무 무리를 하신데다 달리 스트레스를 풀 취미도 없고, 노는 것도 모르시고, 잠까지 쪼개며 사셨으니, 아버지가 암에 걸린 게 어쩌면 자연스런 일이었는지도 모른다.

## 여보, 일 좀 그만 하세요

가끔 생각해본다. 아버지가 좀 더 사시면서 평생을 그래왔던 것처럼 공부와 연구에 집중하실 수 있었다면? 오빠는 아버지가 10~15년쯤 더 사셨으면 노벨 경제학상도 받으셨을 거라고 하는데……

아버지와 와세다 대학교 경상학부 동창생이신 최 씨는 나중에 서울대학교 총장을 역임하셨다. 그러나 아버지는 관직엔 관심이 없었으니 감투나 자리에 미련을 두지 않고 오로지 연구에만 몰두하면서 우리나라 학계에 큰 족적을 남기셨을 것이다.

천재적인 학자가 평생을 바쳐 이룩한 학문적인 업적은 학자 개인의 성취나 명예로만 끝나는 게 아니라 우리나라 전체의 발전을, 아니 인류 전체의 진보를 앞당기는 귀중한 지적 자산이다.

그러나 아버지는 이런 귀중한 자산을 미처 꽃피우지 못한 채 눈을 감으셨다. 사회적인 상황도 따라주질 않았고, 어머니 말에 따르면 아버지에게는 일도 중요했지만 아들이 먼저였단다.

50년대 말부터 60년대 초반까지를 최고조로 우리 집에선 오빠 치료에 돈이 많이 들어갔다. 당시 어머니 월급이 12만 원이었다. 그 돈만으로도 우리 집 식구들이 먹고사는 덴 부족하지 않았다. 더구나 아버지가 교수이니 두 분의 월급으로만 보면 우리 집은 꽤 잘 사는 축에 들었다. 하지만 의외로 들어가는 돈이 너무 많았다.

그러다 보니 아버지는 수업을 많이 맡으셨다. 주간대학 수업뿐만 아니라 야간대학, 대학원 수업까지 가능한 한 당신에게 돌아오는 강의는 모두 맡으셨다. 그런 식으로 목, 금, 토 3일은 강의를 하고, 월, 화, 수 3일은 조흥은행의 고문 일을 하는 날들이 계속되었다.

스케줄이 그렇게 빡빡했는데도 아버지는 오빠를 데리고 치료를 받으러 다니셨다. 당시 우리 사회 상황이 불안해서 대학 수업이 정상적으로 이루어지지 않는 날들이 많았기에 가능했을 것이다.

아무리 그래도 기본적으로 해야 하는 수업은 있었을 테고, 아버지는 다른 교수들보다 많은 강의를 맡으셨으니, 낮이라고 한가하진 않으셨을 것이다. 또 오후엔 오빠와 우리들을 챙겨주기까지 하셨다. 그러니 새로 나온 원서들도 보고 논문도 쓰고 하려면 아버지는 새벽 2, 3시까진 주무실 수가 없으셨을 게다.

어머니는 안방에서 한잠 주무시다가 깨서 2층 서재로 올라가곤 하셨다. 아내에게조차 본인이 힘든 내색은 비추질 않는 양반이지만 옆에서 보면 얼마나 애쓰는지 빤히 아니까.

"그만 주무세요."

어머니가 걱정을 해도 아버지는 책을 덮지 않으셨다. 어머니는 잔소리가 될 걸 알면서도 오늘만큼은 혼자선 못 내려간다며 아버지를 채근했다.

"난 명예도 싫고 다 싫어요. 당신 건강이 최고니까 빨리 와서 주무세요."

이쯤하면 '그래, 오늘만.' 하고 아내의 청을 들어줄 만도 하건만 아버지는 끄떡도 안 하셨다.

"내가 지금 중요한 일을 하는데……."

상황 끝. 어머니는 아버지를 설득하는 걸 포기해야 했다. 한 마디만 더 하면 남편하고 싸우게 되니까. 가정적인 남편과 이런 일로 가끔 싸우게 되니까 말이다.

학문에 뜻을 품고 일본으로 건너갔지만
조국의 현실을 모른 채 할 수가 없어서 다른 유학생들과 거사를 벌이다 잡혔던 아버지.
고문으로 손가락 하나를 영영 못 쓰게 된 채 공부까지 중단하고 돌아왔는데,
일본인의 도움으로 다시 취직을 할 수 있게 된 이 모순된 현실에서
아버지는 하루하루를 어떻게 살아내셨을까.
젊은 날들의 꿈과 좌절, 희망과 절망의 수레바퀴 속에서,
사람들의 행불행과 상관없이, 현실이 아무리 모순된다 해도 시간은 흐른다.
다사다난한 사건들과 희로애락(喜怒哀樂)의 감정들도
그 시간들에 묻혀 함께 사라지기 마련이다.

4부/

아들·남편·
아버지로서의 삶

## 일제 치하
## 가난한 농부의 아들

1910년 8월 25일, 한일합방조약이 체결되면서 우리나라는 그 후 36년간 일제 치하로 들어갔다. 위정자들은 매국노, 애국자로 갈라지고 양반들은 양반들대로, 서민들은 서민들대로 주권을 빼앗긴 나라에서 고달픈 삶을 살아가게 되었다.

농촌에서 남의 땅 부치면서 살아가던 농부들의 삶은 더욱 고달파졌으리라. 그나마 작은 논뙈기라도 마련해서 농사짓던 농부들은 내 농사를 짓는다는 뿌듯함에 힘든 일도 기쁨으로 여기면서 가난한 살림살이에도 자식 농사에 희망을 품고 살아가고 있었을 것이다.

충남 논산의 시골 마을에서 농사를 지으며 딸 하나를 낳고 살아가던 젊은 부부가 있었다. 우리 친할아버지, 친할머니가 되시는 분들이다. 어지러운 세상에서 일제의 수탈로 더욱 궁색해진 삶을 꾸려나가던 이들 부부에게도 2년 후에 태어난 아들은 삶의 희망이요, 기쁨이었을 것이다.

1912년 음력 7월 24일, 양력으론 8월 24일에 태어난 사내아이. 할아버지는 신해(辛亥)년, 돼지띠 해에 태어난 아들에게 민첩할 민(敏), 터 기(其), 이 두 글자를 골라서 이름으로 지어주었다. 민첩하게 움직여서 터를 세우라는 뜻이셨을까. 그가 바로 최민기, 우리 아버지다.

아버지 밑으로 남동생이 태어났고, 딸 하나와 아들 둘을 키우면서 살았던 젊은 부부(우리 할아버지와 할머니)의 삶은 그 당시 여느 시골 마을 사람들과 크게 다르지 않았을 것이다. 나라는 빼앗겼어도, 삶은 고달파졌어도, 열심히 농사지어서 아이들 배부터 채워주고 한푼 두푼 아끼고 또 아껴서 아이들 가르치는 데서 삶의 낙(樂)을 찾는 평범한 농부의 생 그대로였을 것이다.

## 동네 형들한테 업혀서 보통학교에 다닌 아이

아버지는 8살 때 보통학교(지금의 초등학교)에 들어갔다. 취학 연령에 딱 맞춰서 초등학교에 입학한 것이다. 그 덕분에 아버지는 큰 행운을 누리게 되었다. 당시 농촌에선 아이들도 부모를 도와 농사일을 거들어야 했고, 궁색한 시골 살림으론 학비도 부담스러워서 아이들이 제 나이에 보통학교에 들어가는 건 예외적인 경우였다. 그러다 보니 같이 보통학교에 다니던 급우들은 대개 아버지보다 나이가 많았다. 몇 년을 뒤쳐져서 보통학교에 입학한 동네 형들, 삼촌뻘은 되는 동네 청년들은 어린 아이가 시골길을 한참을 걸어야 하는 게 안쓰러웠는지, 아님 기특했던지 번갈아 가면서 아버지를 업고 학교에 다녔다.

그런 걸 보면 할아버지, 할머니의 살림살이가 크게 궁색하지만은 않았던 것도 같다. 아니면 두 분의 생활력이 무척 강했던 것일까. 자식들을 가르치려는 의지가, 특히 할머니의 의지가 아주 강했던 것일까. 그 당시 시골에선 딸은 언문만 깨우쳐서 시집보내는 게 예사여서 딸 공부는 제대로 시키지 못했다 쳐도, 아들 둘은 제 나이에 보통학교에 보냈고 할아버지가 돌아가시고 나선 할머니 혼자서 두 아들을 고등학교까지 가르치셨으니까. 그 시절에 농촌에서 아들 둘을 그렇게 공부시킨다는 건 일반적인 일은 아니었으리라.

아버지가, 8살짜리 초등학생이 동네 형들한테 업혀서 울퉁불퉁, 꼬불꼬불한 시골길을 한참 가던 모습을 그려보면 피식 미소가 떠오른다. 그때 아버진 어떤 마음이었을까. 든든한 등에 업혀 편하게 학교에 다닐 수 있으니 좋으셨을까, 아님 남한테 신세 지는 걸 평생 끔찍이도 싫어하셨던 분이니까 한편으론 부담스러우셨을까. 그래도 난 아버지를 등에 업고 다니셨다는 그 동네 분들께 참으로 감사하다. 확인할 수 있는 사실은 아니지만, 아버지도 우리들처럼 어려서 잔병치레를 많이 하셨다면 그 험한 시골길을 등에 업고 다녔던 분들에게 진심으로 고마워하셨으리라.

## 자기와의 치열한 싸움

　동네 형들한테 업혀서 다니기 시작한 보통학교 6년 과정을 마치고 14살이 된 아버지는 곧장 강경상고에 입학하셨다. 1920년대 중반이었으니 강경상고 선생들은 대부분이 일본인이고 학생들도 일본인이 많았다.
　아버지는 논산 집에서 강경까지 통학을 하셨는데, 지금 식으로 보자면 중·고등학교 교육이 통합된 아버지의 강경상고 시절 6년은 개인적인 슬픔과 회한, 그리고 시대적인 음울함과 보이지 않는 미래로 불안감을 이겨내면서 살아내기 위한 처절한 자기와의 싸움으로 점철된 듯하다.
　아버지가 15살 때인가, 할아버지가 돌아가셨다. 집안의 가장인 남편을 너무 일찍 떠나보내고 과부가 된 할머니는 아들 둘을 계속 공부시키느라 마음 고생, 몸 고생이 무척 심하셨을 것이다.

아버지의 부재로 생긴 상실감과 슬픔을 가슴 한 편에 고스란히 간직한 채, 고달프게 살아가는 홀어머니가 차려주시는 아침상을 받고 학교에 가기 위해 새벽같이 집을 나서야 했던 아들의 심정은 어땠을까. 그나마 먼 길을 달려 학교에 가면 무시무시한 일본인 선생들한테 배워야지, 또 대일본제국 신민들이라 뽐내는 일본인 아이들과 경쟁해야지, 하루라도 마음 편히 공부한 날이 있었을까. 감히 짐작하기도 어렵다.

시집간 누나도 보고 싶었을 것이다. 당신이 보통학교 다닐 때 시집을 간 누나. 동생들과 떨어지기 싫다고 하던 누나를 아버지는 같이 가마를 타고 따라가셨다고 한다.

그 옛날, 출가외인이 친정집 나들이를 자주 할 수도 없었을 테니 시집간 누나가 동생들과 재회하는 건 일 년에 한두 번이나 되었을까. 자주 보지도 못한 누나였는데 오래 사시기라도 하시지……. 우리 고모는 3남 1녀를 낳고 일찍 돌아가셨다.

일찍부터 가슴에 묻어두고 살아야 했던 누나에 대한 그리움 때문일까, 동생으로서의 도리 때문이었을까, 아버지는 나중에 어머니랑 결혼해서도 질녀를 당신이 쭉 데리고 있다가 시집을 보내셨다.

시간의 힘으로도 쉽게 메워질 수 없는 상처를 지니게 된 청춘기에 아버지의 가슴속에선 어떤 감정들이 휘몰아쳤는지 짐작하기 어렵다.

　다만 미루어 짐작해 볼 뿐이다. 어려서부터 비범했다는 아버지는 개인적인 슬픔과 시대적인 상실감을 극복하기 위해 일찍이 공부에, 학문에 매진하신 건 아닐까 하고.

　다른 집들보다 넉넉한 살림은 아니었을 터인데도, 당시 시골에선 희귀하게도, 아들을 제 나이에 보통학교에 입학시키셨던 할아버지와 할머니. 할아버지가 돌아가신 후엔 혼자 그 힘든 농사일을 다 하시면서도 아들의 공부를 끝까지 밀어주신 할머니.

　두 분의 기대를 저버리지 않기 위해서라도 아버지는 공부를 통해 자기와의 치열한 싸움을 벌이셨을 것이다.

# 일본 유학생 출신 노총각과 노처녀 여선생의 결혼

　동경에서 재일 유학생들이 모여서 벌인 항일 거사에 가담했다가 체포되어 와세다 대학교를 중퇴하고 귀국한 아버지는 몇 개월 후에 지금의 조흥은행인 한성은행 종로 2가 본점에 다시 취직을 하셨다.
　일제 치하였지만, 다행히도 한국인 인재들을 아끼는 일본인들이 있었다. 이름이 고로세 핫찌로라 했던가? 판사였는지, 검사였는지 정확하진 않지만 그 분의 도움으로 취직이 되셨다고 한다.
　강경상고 전교 2등 졸업, 제일은행에서 3년 일한 경력, 그리고 졸업은 못했지만 와세다 대학교 경제학부 3년 중퇴라는 학력이 있으니 아버지가 은행에 다시 취직하는 건 어려울 게 없었다.
　하지만 아버지는, 요즘 식으로 말하자면 주민등록에 빨간 줄이 그어진 상태였다. 그것도 일제 치하였으니 한국인들의 밥줄을 쥐락펴락 하는 일본인들에겐 독립운동을 하다가 잡힌 한국인들은 가장 악질 범죄자들이 아닌가.

학문에 뜻을 품고 일본으로 건너갔지만 조국의 현실을 모른 체 할 수가 없어서 다른 유학생들과 거사를 벌이다 잡혔던 아버지. 고문으로 손가락 하나를 영영 못 쓰게 된 채 공부까지 중단하고 돌아왔는데, 일본인의 도움으로 다시 취직을 할 수 있게 된 이 모순된 현실에서 아버지는 하루하루를 어떻게 살아내셨을까. 젊은 날들의 꿈과 좌절, 희망과 절망의 수레바퀴 속에서.

사람들의 행불행과 상관없이, 현실이 아무리 모순된다 해도 시간은 흐른다. 다사다난한 사건들과 희로애락(喜怒哀樂)의 감정들도 그 시간들에 묻혀 함께 사라지기 마련이다.

아버지는 이제 서른세 살이 되셨다. 당시 기준으로 보면 노총각이다. 초봄에 들어선 어느 따뜻한 봄날, 일찍, 아니 제 나이에 결혼을 한 와세다 대학교 동창생의 아내가 혼자 사는 남편 친구에게 중매를 하겠다고 나섰다.

"제 친구 중에 노처녀가 하나 있어요. 이름은 김숙자, 나이는 스물 넷. 경성여자사범대학 동창인데 지금은 종암 국민학교에서 아이들을 가르치고 있어요."

아버지도 결혼을 진지하게 생각하시는지 싫은 표정은 아니셨나보다. 아버지의 표정을 읽은 친구가 거들고 나왔다.

"학교에 가서 슬쩍 보게. 여보, 당신 친구도 그러라고 해. 둘 다 마음에 들면 그 집 어른들 모시고 정식으로 자리를 만들어 보자고."

그렇게 해서 아버지는 우리 어머니가 될 스물네 살 노처녀(당시 기준에선) 선생이 교편을 잡고 있던 안암동의 한 언덕길을 오르게 되었다.

종암초등학교로 이어지는 길은 언덕이라 밖에서도 학교 내부가 다 보이는 게 다행이라면 다행이었다. 마침, 아니면 중매한 부부가 여선생이 몇 시에 체육을 가르친다는 얘길 귀띔해 줬는지, 노처녀 여선생은 운동장에서 아이들에게 운동을 지도하고 있었다.

우리 어머니도 중매를 서겠다는 친구네 집에 가서 남자 모르게 숨어서 미래의 남편감을 훔쳐봤다고 하신다. 어머니의 결혼 조건은 두 가지였다. 당신이 키가 크니까 남자도 커야 하고, 당신이 대학을 나왔으니 남자는 대학 이상 나와야 한다는 것. 몰래 숨어서 본 남자는 그 조건들에 부합됐고 마음에도 들었다. 그동안 속칭 조건 좋은 남자들과 혼담이 오가고 했어도 하나 같이 눈에 안 찼는데 과연 인연이란 게 따로 있는가 보다.

우리 외갓집 옆엔, 남편은 우리 아버지하고 강경상고 동창생이고 아내는 우리 어머니랑 잘 알고 지내던 부부가 살고 있었다. 서로를 잘 아는 부부가 있으니 서로의 집안 사정에 대해서도 잘

알겠다. 당사자들이 슬쩍 숨어서 상대를 보고 호감도 생겼겠다. 이제 정식으로 맞선을 보고 결혼 날짜를 잡는 일만 남았다.

맞선 장소는 외갓집이었다. 신랑 될 남자가 처갓집이 될지도 모르는 혜화동 집으로 강경상고 동창생 내외랑 인사를 왔고, 신부가 될 여자는 자기네 집 사랑에서 큰 이변이 없는 한 남편이 될 남자와 손님들을 어머니, 큰오빠랑 같이 맞았다.

그 날 이후 당시 신당동에 사시던 아버지와 혜화동에 사는 어머니는 두세 달 가량 정식으로 데이트를 하다가 1944년 5월 27일 결혼식을 올리셨다.

## 효자 아들과 결혼한 외동딸의 시집살이

아버지와 어머니의 신혼살림은 성북동에서 시작됐다. 결혼 얘기가 오간 후 아버지가 총각 때 살던 신당동 집을 처분하고 성북동에 작은 집을 마련했다.

신혼살림을 차려야 하니 방도 하나 더 있어야 했겠지만, 어머니를 위한 배려도 하지 않았나 싶다. 당신이야 종로 2가로 출퇴근하니까 신당동이든 성북동이든 출퇴근에 별 차이는 없으셨을 게다. 하지만 어머니 입장에선 종암초등학교가 있는 안암동도, 친정집이 있는 혜화동도 성북동이 훨씬 가깝다.

시동생은 이미 결혼해서 분가한 상태였고, 50대 후반의 시어머니와 14살이 된 질녀, 남편, 이렇게 세 명이 먼저 이사와 살던 성북동 집에 어머니가 들어가셨다.

5남매 중 막내이자 외동딸인 어머니는 결혼하기 전까진 손에 물도 안 묻히고 살았다. 외갓집이 넉넉한 편이어서 보통 집 딸들처럼 집안일을 거드는 것도 아니고, 공부만 하면서 대학까지 마쳤고 졸업 후엔 초등학교 선생님이 되었으니, 콧대 높은 멋쟁이 신여성이었다. 그렇게 호강만 하던 어머니였지만, 효자 남편을 만나 그 맵고 짜다는 시집살이를 하게 되었다.

　어머니는 홀시어머니 밑에서 호된 시집살이를 하셨다고 한다. 보통 어머니들이 다 그렇겠지만, 어머니 말에 따르면, 할머니는 아들이 이 세상에서 제일 똑똑한 줄 아셨다고 한다. 그런데다 남편이 지나치게 효자여서 어머니로서는 더욱 힘이 들었다고 한다.

　짧았던 연애 시절, 아버지가 퇴근 후에 학교로 데리러 오면 둘이서 오붓하게 제과점이나 다방에도 가고 주말엔 극장에도 가고 전차 타고 청량리 임업 시험장에 가서 나무 사이를 걷기도 하면서 데이트를 즐기던 날들이 어머니는 얼마나 그리우셨을까.

　이제 어머니는 새벽 일찌감치 일어나서 네 사람 분 아침과 점심밥을 하고 부리나케 밥상을 차려야 했다. 식구들하고 서둘러 먹고 나면 곧바로 출근 준비를 해야 했다. 남편과 자신의 점심 도시락도 싸야지, 화장도 해야지, 옷도 갈아입어야지, 매일 아침마다 종종걸음을 치셨다.

　다행히도 아침 설거지와 저녁밥, 다음날 먹을 아침 반찬은 할머니가 해주셨다. 직장에 다니는 며느리 사정을 생각해서 집안일은 거들어주셨지만, 효자 아들을 믿고 며느리에게 고달픈 시집살이를 시키셨다는 할머니. 할머니는 며느리를 보고 나서 4년 있다가 진갑을 두 달 앞두고 돌아가셨다.

## 우리 집
## 전성시대에 닥친 시련

아버지가 동국대학교로 전근하시면서 우리 가족은 성북동 옛집에 다시 모여 살게 되었다. 그리고 얼마 안 있어서 1956년 5월에 아버지, 어머니가 신혼살림을 시작하셨던 성북동 집에선 또 아이가 태어났다. 아들이었다. 아버지는 사십육 세에, 어머니는 삼십팔 세에 장남이자 외아들을 품에 안게 되었다. 얼마나 기쁘셨을까.

아버지와 어머니는 아이 둘을 가슴에 묻은 터라 '이번엔 꼭 아들을 낳아야 한다.'는 식의 아들 욕심이 크진 않으셨다고 한다.

하지만 두 분 모두 내심으론 얼마나 간절하게 아들을 기다리셨을까. 아버지는 장남이요, 어머니는 맏며느리였다. 어머니는 이제야 최 씨 집안 맏며느리로서 가장 중요한 의무를 끝냈고, 아비지는 당신 뒤를 이을 든든한 아들이 생겼다.

어머니는 오빠를 낳고 당신도 무척 기쁘셨지만 아버지가 많이 좋아하셨다고 한다. 친구들도 부르고, 동국대학교 동료 교수들도 부르고, 친척들도 불러서 아들 턱 잔치를 여러 번 할 정도였다고 한다.

우리 집의 넷째이자 외아들인 준훈 오빠. 엄마 품에 안겨서 새근새근 예쁘게 자는 얼굴만 봐도 아버지는 흐뭇하셨으리라. 오빠가 손을 꼼지락거리는 걸 보는 것만으로도 어머니도 가슴이 벅차올랐으리라.

부모님은 아들, 딸 구별하지 않고 우리 형제들을 가르치셨지만, 아무래도 두 분에게 오빠는 특별한 존재였다. 그래서 한편으론 걱정도 많이 하셨단다. 얘를 어떻게 키울까, 건강하게 잘 자라야 할 텐데……. 걱정이 되는 것도 무리는 아니었으리라.

오빠가 태어나고 나서 2년 7개월 후에 서울 위생병원에서 내가 태어났다. 우리 형제들 중엔 나만 집이 아닌 병원에서 태어났는데, 막내딸인 내가 태어나면서 우리 집은 여유 있고 다복한 5남매 가정으로 이웃들로부터 꽤나 부러운 시선을 받았다. 아버지는 교수, 어머니는 교사, 첫째 딸은 어머니가 있는 혜화초등학교에 다니지, 거기다 잘생긴 아들까지 있지 않은가.

아버지가 몸담고 있던 동국대학교는 당시엔 서울대학교, 연세대학교, 고려대학교 다음으로 꼽힐 정도로 문턱이 높은 학교였다. 아버지는 관직엔 전혀 관심이 없는 분이라 오로지 연구하고 가르치는 일에만 매달리셨지만, 동료 교수들 중엔 김종필 씨 고문이 되는 등 관직으로 나가는 분들이 많았다. 그런 학교에서 교수직은 학자의 길 말고도 소위 출세를 꿈꿀 수 있는 자리였다. 아버지는 그런 학교의 교수였고 더구나 와세다 대학교 출신이었다. 어머니는 경력이 오래된 고참 교사였고, 아이들도 건강하게 잘 자라고 있으니, 어머니는 그때가 우리 집의 '전성시대였다'고 하신다. '나름'이니 '그래도'라는 말을 붙일 수 있는 우리 집 전성시대.

* * * *

살다 보면 마른하늘에 날벼락 치는, 청천벽력과도 같은 일들도 생기는 것인가? 돌잔치를 하고 나서 며칠 뒤에 오빠는 아프기 시작했고, 서울대학교 병원에서 소아마비 진단을 받았다.

그 날 이후 부모님에겐 고통의 날들이 계속되었다. 물론 가장 고통스러운 건 오빠였을 것이다. 몸이 아프니까 많이 부대끼면서 칭얼대고 울었을 테니까.

그때부터 일요일 새벽 2시쯤 되면 어머니는 짐 가방 싸는 게 일이었다. 오빠가 먹을 간식이며 장난감을 가방에 챙겨 넣고, 아버지랑 당신이 기차에서 드실 간단한 먹을거리도 챙기셨다.

"당신은 학교 가니까 집에 있지."

저녁 늦어서야 돌아오는데 다음날 일찍 출근을 해야 하는 어머니가 안쓰러워서 아버지는 오늘은 혼자 가겠다고 하셨다. 대학 수업은 일주일에 3, 4일이고 오후에 강의가 있는 날도 있지만, 매일 아침과 저녁 똑같은 시간에 출퇴근을 하는 어머니로선 일요일에 당일치기로, 그것도 거의 매주 지방에 다녀오는 건 사실 무리였다.

"나도 같이 가요."

어머니는 기어코 아버지를 따라 나섰다. 평일에도 딸아이 셋을 잘 챙겨주지 못하니까 오늘만이라도 집에서 아이들하고 있어야겠다고 잠시 마음이 흔들리긴 했지만, 짐을 다 챙기고 나면 어머니는 거의 자동적으로 나갈 준비를 하셨다. 집엔 그래도 아이들 봐주는 사람이 있고 딸들 셋이 놀면 되니까.

"대전에 용한 사람이 있답디다. 못 고치는 병이 없대요. 전국각지에서 그 사람한테 병 고쳐보려고 찾아온다는데……."

얼마 전, 이웃 한 분이 그 용한 의사가 산다는 동네 이름과 위치를 알려주었다. 어머니는 그 메모가 가방에 있는지 다시 확인하셨다.

아버지가 오빠를 안고 어머니는 짐 가방을 들고 어스름한 새벽 길로 나섰다. 전차가 다니는 길까지 걸어가 전차가 오기를 기다리길 몇 십 분. 드디어 전차를 타고 서울역까지 가서 두 분은 대전행 기차에 오르셨다. 기차에서 잠깐 조는가 싶더니 벌써 대전이라고 했다. 아침이 밝았고, 두 분은 그 용하다는 의사가 산다는 동네까지 겨우겨우 찾아가 길가는 사람을 붙잡고 물었다.

"아, 그 사람이요? 여기 없어요. 돌팔이라고 경찰한테 잡혀갔어요. 서울에서 온 분들 같은데 헛고생하셨네."

허허, 아버지, 어머니는 맥이 풀리셨다. 벌써 몇 번을 겪은 일이건만 왜 이런 일엔 좀체 면역이 생기질 않는지……. 여기까지 오느라고 새벽부터 잠을 설친 건 그래도 괜찮다. 오고 가는 데 걸리는 시간이며, 비용도 아깝지 않다. 하지만, '이번엔 정말 고칠 수 있겠지.' 하는 마음으로 달려왔건만 그 기대가 물거품이 될 때는 정말 기가 막힐 노릇이었을 것이다.

아버지와 어머니는 허한 가슴을 안고 왔던 길을 되밟아 다시 서울행 기차를 타셔야 했다. 기차에서도 두 분은 한동안 말이 없으셨다. 그러나 두 분 모두 같은 생각을 하고 계셨을 것이다.

'빨리 방학이 돼야 부산에 있다는 유명한 한의사한테 가볼 텐데…….'

그 전후로 오빠는 서울대학교 병원에서 수술을 두 번 받았다. 하지만 별 차도가 없었다. 서양의학으로 못 고친다면 한의학으로 고치리라. 아니 어떤 방법이라도 좋았다. 부모님은 오빠를 업고 안고 용하다는 한의사, 치료사들을 찾아 전국을 누볐고, 오빠에게 침도 맞히고, 그 쓴 한약도 이것저것 바꿔 먹이고, 기 치료도 했다. 그러다 보니 용하다는 소문만 듣고 찾아간 치료사가 사이비 도사여서 허탕만 치고 온 적도 많았다.

그래도 포기할 순 없었기에 부모님은 학기 중엔 일요일에, 방학에는 또 다시 용하다는 의사를 찾아 전국 각지를 누비셨다. 아버지는 당신을 많이 아끼셨던 와세다 대학교 은사에게도 연락을 하셨다. 그러나 일본에서도 소마아비는 못 고친다고 했다. 아버지는 일본이고 중국, 미국 등 연줄이 닿는 데마다 물어봤지만 방법이 없었다. 고칠 수 있다고 했다면 어디든 가셨을 것이다.

오빠는 초등학교 3, 4학년까지 몇 년간 대학병원에서 통원 치료를 받았다. 아버지는 다리에 보조기를 단 오빠를 업다시피 하고 걸어서 삼선교까지 가서 전차를 타고 신촌으로 가셨다. 오빠가 통원 치료를 받는 날은 거의 아버지가 그렇게 오빠를 데리고 다니셨다.

치료를 위해 오빠를 데리고 병원에 다니던 아버지는 전차에서 망신도 많이 당하셨다고 오빠는 기억힌다. 오빠가 차멀미를 해서 전차에서 토하면 아버지가 토한 걸 치우셨다고 한다. 자존심이 무척 세신 분이, 시대를 잘 만났으면 교수로 끝나지 않았을 분이 아들 때문에 사람들의 멸시와 수모도 감내하셨다고 한다.

## 오빠가 가장 행복했던 시절

　오빠는 지금 50대 초반이다. 아버지가 돌아가셨을 때 열두 살 초등학교 5학년 아이였는데, 이젠 인물도 훤칠하고 친구들한테 인기도 많은 대학생 아들이 있다. 지금 오빠 나이쯤 돼서 아버지가 아프기 시작하셨으니 아마도 요즘 오빠도 아버지에 대한 생각이 많지 않을까 싶다. 그래도 내가 아픈 것이 내 자식이 아픈 걸 보는 것보다는 낫다고 하는 오빠.
　오빠는 연세대학교를 졸업하고 한국과학기술원(당시 KIST)에서 컴퓨터 공학을 전공하고 대전 연구소를 거쳐서 지금은 부산 동명대학교에 몸담고 있다. 아버지와 계열은 다르지만 비슷한 길을 걷고 있는 셈이다.
　오빠가 초등학교 2학년 때다. 어머니는 돈암초등학교에 계셨는데, 학부형 한 분이 어머니가 오빠 때문에 마음고생 하는 걸 알고 차력사를 소개해 주셨다.

기 치료도 하신다는 그 분은 정능에 살았다. 그때부터 매일 어머니는 학교가 끝나면 집에 와서 오빠를 업고 정능에 가셨다. 오빠는 1시간가량 치료도 받고 운동도 했는데, 어머니는 기다렸다가 다시 오빠를 업고 삼선교까지 오셨다. 삼선교에선 아버지가 어머니와 오빠를 기다리셨고.

아버지와 어머니의 일상은 당신들의 일과 오빠의 치료를 중심으로 해서 돌아갔다.

그래서일까. 오빠는 혼자서는 걸을 수 없었지만 정능에 치료를 받으러 다니던 시절이 가장 행복했다고 한다. 엄마의 따뜻한 등에 업혀서 다니고, 집 근처 삼천교에선 아버지가 매일같이 오빠를 기다려 주셨으니까.

아버지와 어머니의 사랑과 정성, 그리고 기 치료 덕분인지 오빠의 다리 상태는 차츰 좋아졌다. 오빠가 초등학교 3학년이 됐을 때 역시 돈암초등학교의 학부형 한 분이 어머니에게 다른 분을 소개해주셨다.

"보문동에 있대요. 아무 사람이나 고쳐주진 않는다고 하지만……."

엄마는 그 날로 그 분을 만나러 가서 오빠의 치료를 간곡하게 부탁하셨다.

"그럼 데려와 보십시오."

어머니의 간절함이 그 분의 마음을 움직였나 보다.

그 날부터 오빠는 성북동 집에서 보문동까지 매일 왕복을 하게 되었다. 물론 아버지나, 집에서 함께 기거하면서 오빠를 돌봐주시는 분이 데리고 다녔다.

그 분과 오빠 사이엔 특별한 인연이 있었던 것일까? 그 분은 오빠를 참 많이 아끼신 것 같다. 돈을 아무리 많이 가져가도 선뜻 고쳐주지 않는다던 분인데, 오빠는 그 분께 공짜로 치료를 받았으니 말이다. 오빠도 "선생님." 하며 그 분을 잘 따랐다고 한다.

오빠가 치료를 받기 시작한 지 1, 2개월이 지났다.

"발 보조기 풀어라. 날 믿고 풀어라."

그 선생님의 밑도 끝도 없는 말씀에 오빠는 발에서 보조기를 풀었다. 그리곤 일어섰다. 옆에서 부축을 해줬지만 오빠는 한 발, 두 발, 걸을 수 있었다.

또 한 달이 지났다.

"혼자 보내십시오."

선생님의 말을 거역할 수가 없어서 다음날부터 아버지는 오빠를 보문동에 혼자 보냈다. 물론 한동안은 아버지나, 오빠를 돌봐주시는 분이 오빠 뒤에서 일정한 거리를 유지하면서 따라가셨지만 그것만으로도 기적 같은 일이었다. 오빠가 보조기 없이 혼자서도 걸을 수 있게 되면서, 우리 집에 기거하며 오빠를 돌봐주시던 분은 이제 오빠의 등하교길만 봐주시게 되었다.

그런데 좋은 일과 나쁜 일은 같이 오는 법인가? 오빠가 혼자 걸어 다닐 수 있게 될 즈음이 되어 아버지 몸에 이상이 생기기 시작했다.

## 수술만 하면 나을 거요

내가 초등학교에 입학한 해인 1965년에 아버지 다리에 혹이 생겼다. 별로 아프진 않았는지 아버지는 혹을 방치하셨다. 시간이 좀 지나니까 아버진 "위가 안 좋다."고 하셨다.

하루라도 빨리 병원에 갔더라면 그 후의 상황들이 크게 달라졌을 테지만 아버지는 대학에 나가야지, 은행 일도 봐야지, 보문동까지 오빠도 데리고 다녀야지, 우리들 공부 점검도 해야지……. 당신 몸까지 신경 쓰실 여유가 없었는지도 모른다. 편두통을 앓으시면 책을 보면서 아픔을 잊으셨듯이, 유달리 몸이 피곤하고 속이 더부룩하고 쓰려도 책으로 달래셨는지도 모르겠다.

그러나 시간이 지나면서 아버지 상태는 눈에 띄게 나빠졌다. 차일피일 미루다가 병을 키운 셈인데, 결국 아버지는 휘경동 위생병원에서 수술을 받게 되셨다. 수술을 집도한 사람은 위생병원의 병원장인 미국인 닥터 루였다. 두 분 사이에 무슨 말이 오갔는지는 모르겠지만 아버지는 수술만 하면 된다고 생각하신 것 같다.

수술 결과는 좋았고 아버지는 며칠 후에 퇴원하셨다. 그리고 몇 개월이 지나서 한밤중에 아버지는 갑자기 위에 큰 통증을 느끼셨다. 가슴을 부여잡고 아파하는 아버지를 보고 놀란 어머니는 일단 경찰서부터 뛰어가야 했다. 당시엔 야간 통행금지가 있어서 밤 12시 이후에 나다니려면 야간 통행증을 경찰서에서 발부 받아야 했기 때문이다. 야간 통행증을 받아온 어머니는 아버지를 부축하고 택시를 잡아타고 위생병원 응급실로 가셨다.

아마도 고등학교 1학년이라 늦게까지 자지 않고 공부하고 있던 큰언니만 아버지와 어머니를 배웅했을 것이다. 우리는 다음 날 아침에야 아버지랑 어머니가 집에 안 계시다는 걸 알고 놀라 걱정을 했었다.

아버지는 하루나 이틀쯤 있다가 다시 집으로 오셨는데, 그 후 한밤중에 응급실로 가는 일이 잦아졌고, 급기야 위생병원에서 2차 수술을 받으셨다.

아버지가 입원해 계시면 어머니는 병실에서 자고 곧장 학교로 출근하느라 우리들을 챙겨주실 수가 없었다. 그땐 오빠도 혼자서 치료를 받으러 다닐 수 있었고, 집엔 살림을 해주시는 분이 계셨으니 그나마 다행이었다.

아버지는 수술만 하면 낫는 병이라고 하셨지만, 퇴원 후에도 예전의 기력을 회복하지 못하셨다. 병이 완전히 나은 게 아니어서 간간이 병원에 가서 몸 상태를 확인하고 치료를 받아야 했으니, 아버지는 예전처럼 우리들 공부를 엄격하게 점검하실 수가 없었다. 아버지가 덜 무서워졌으니, 우리들은 어린 마음에 좋아하기도 했다. 게다가 다행히도 아버지는 곧 병이 다 나으실 거니까, 수술만 하면 낫는다고 했으니까.

그러면서 2년이 흘렀다. 미경 언니는 고3이 됐고, 문경 언니는 고1, 효경 언니는 중2, 준훈 오빠는 초등학교 5학년, 나는 초등학교 3학년이 됐다. 수술만 하면 낫는다던 아버지의 병은 좋아지는 것 같다가 다시 악화되길 반복하여 아버지는 다시 연세대학교 병원에서 수술을 받으셔야 했다.

아버지는 수술을 세 번 받고 3년째 병을 앓으면서도 일을 놓지 않으셨다. 그나마 파업이니 데모가 많아 학교가 쉬는 날이 많아서 학교엔 가끔 나가셨지만, 일주일에 3일 조흥은행에 나가는 건 입원해서 못 나갈 때면 몰라도 거르지 않으셨다. 거기다 논문을 끝내겠다며 오히려 예전보다 잠을 더 줄이셨다.

언제 자고 언제 일어나는지도 모르는 남편, 음식이 받질 않아 제대로 먹지도 못하고 병원을 들락거리느라 몸이 허약해질 대로 허약해진 남편, 그러면서도 수술비와 입원비 때문에 빚을 갚겠다고 몸 상태가 조금만 괜찮아도 일을 하러 나가는 남편의 건강이 걱정돼서 어머니는 "좀 쉬세요, 일 좀 줄이세요, 제발 가서 주무세요." 하며 간청했지만 아버지 귀엔 마이동풍이었다.

아버지는 당신 몸속에서 어떤 일이 벌어지는 줄도 모르고 계속 무리를 하셨고, 급기야 1967년 6월쯤에 다시 병이 재발했다. 그때부턴 아버지가 집에 계시는 날보다 병원에 계시는 날이 많아졌는데, 안타깝게도 닥터 루는 미국에 가고 없었다. 그래서 어머니는 지금도 아쉬워하신다. 닥터 루가 있었다면 어떻게 손을 써 볼 수 있었을 거라며.

아버지가 병원을 들락거리길 6개월여. 어느 추운 겨울날, 담당 의사의 입에선 무서운 말이 나왔다.

"집으로 모시고 가십시오."

## 아버지를 앗아간 암세포

 며칠 후, 내가 학교에서 공부를 하고 있을 때였다. 문경 언니가 교실로 날 데리러 왔다. 급하게 뛰어오느라 상기된 언니의 표정을 보고 가슴이 덜컥 내려앉았다. 혹시 아버지가……. 그 이상은 생각하는 것만도 무서웠다. 언니랑 나는 겁에 질려서 집으로 뛰어갔다.

 집에 식구들이 다 모여 있었다. 외삼촌도 오셨다. 아버지는 고통스럽게 숨을 몰아쉬느라 아무 말씀도 못하셨다. 3년째 투병하느라 거의 산송장처럼 초췌해진 아버지는 무슨 말을 하시려는 듯 힘들게 눈을 깜빡거렸지만, 입에선 거친 숨소리만 나올 뿐이었다. 어머니랑 우리는 울면서 비쩍 마른 아버지의 손을 꼭 잡았다. 그것 말고는 아무 것도 할 수 있는 게 없었다. 아버지는 그렇게 고통스러워하셨는데…….

그러다 어느 순간 아버지한테서 숨소리가 들리지 않았다. 눈은 분명 뜨고 계시는데도 숨은 멎었다.

"가셨다."

외삼촌의 말이 믿어지기가 않았다. 온몸에서 힘이 다 빠져나가는지 아버지 손을 잡고 있던 어머니 손이 스스로 미끄러졌다. 아버지의 손도 낙엽처럼 힘없이 떨어져 내렸다. 그제야 아버지가 돌아가셨다는 실감이 났다. 아, 아버지…….

"여보! 올망졸망한 애들 두고 가자니 눈도 못 감으시네요."

어머니는 흐느끼셨다.

"눈 감겨줘라."

외삼촌이 목멘 소리로 말하셨다.

"내가 애들 가르칠 테니 걱정 마세요."

어머니는 아버지의 눈꺼풀을 밑으로 쓸어내리면서 그 말을 몇 번이고 반복하셨다. 그제야 아버지의 눈이 감겼다. 1967년 10월 30일 아침 10시였다.

지금도 그때를 생각하면 가슴이 너무 아프다. 사람들은 죽을 땐 대부분 눈을 감고 가는데, 아버지는 눈을 못 감고 돌아가셨다. 옆에 자식들이 다 있는데도 너무 힘들고 지쳐 있어서 유언도 못하고 가자니 마음이 얼마나 안타까우셨을까. 우리들 하나하나에게 당부하고 싶었던 말이 있었을 텐데 아버지는 마지막 말을 당신 가슴에만 안고 가셨다.

어머니는 아버지가 돌아가시기 얼마 전에야 아버지 병명을 알았다. 병원에서 막바지에 가서야 알려준 것이다.

"당시엔 암이 별로 없었고 암이 무서운 병이라는 것만 알았지, 수술을 세 번 받을 동안 위암인 줄 몰랐다. 너희 아버지가 너무 힘들어하는 걸 보면서 나 혼자 막연히 '저러는 거 보면 암인데……' 싶었는데 병원에선 말을 안 해주니……"

병원 측에서 어머니에게 아버지의 병명을 알려준 건 더 이상 아버지한테 손을 쓸 수 없는 상황에서였다.

왜 병원에선 일찍 병명을 가르쳐주지 않았을까? 초기에 위암인 줄 알았다면 아버지도 당신 몸을 좀 더 챙기면서 그렇게 무리를 하시진 않았을 것이고, 최소한 스트레스 받는 일들은 좀 더 줄이셨을 텐데 말이다.

"사람이 죽어 없는데 논문이 무슨 소용이에요!"

아버지가 피를 토하면서도 논문을 붙잡고 있자 어머니는 울다시피 하며 아버지를 만류하셨다.

"나 안 죽어. 살 거야. 닥터 루가 수술하면 낳는다 했잖소?"

아버지는 돌아가시기 전까지 논문에 매달리셨다. 어쩌면 살 날이 얼마 안 남았다는 걸 당신도 느끼셨던 것은 아닐까?

## 부모가 잘한 거,
## 자식이 받는다

   남편을 먼저 보낸 후 어머니는 앞을 봐도, 뒤를 봐도 기댈 사람이 없었다. 그동안 아버지 병원비 때문에 여러 사람의 도움을 받았기에 더 이상 손을 벌릴 수 없었다. 대학교 1학년인 미경 언니가 과외를 해서 어머니를 도와드리긴 했지만, 갚을 빚도 많고, 학비며, 생활비도 만만찮게 들어가자 어머니는 속이 타셨다. 그러다 경기여자고등학교 3학년이던 문경 언니가 대학교에 들어가게 되자, 어머니는 어쩔 수 없이 미경 언니에게 긴급 요청을 하셨다.
   "학교 그만두고 집안 좀 도와다오."
   경기여자중학교, 이화여자고등학교, 고려대학교로 이어지는 일류 코스를 밟아온 미경 언니의 심정이 어땠을까? 집안 형편을 생각하면 학교를 고집하기가 미안하지만, 그렇다고 학교를 접는 건 결코 원하지 않는 일이었으니, 참으로 괴로웠을 것이다. 자신 때문에 언니가 학교를 그만둘 수도 있다는 사실 때문에 문경 언니도 많이 괴로웠을 것이다. 물론 어머니도 괴로우셨을 것이고.

그러나 앞뒤가 꽉꽉 막힌 것 같아도 문 하나쯤은 늘 열려있다고 했던가? 어머니와 두 언니가 갈등하고 있는데, 아버지가 고문으로 계시던 조흥은행의 문종건 은행장한테서 어머니에게 연락이 왔다.

"혼자서 애들 다섯을 어떻게 키우겠습니까? 큰딸을 저한테 보내세요."

문 은행장을 찾아뵌 미경 언니는 곧바로 조흥은행에 취직이 되었다. 미경 언니가 은행원을 하면서도 계속 대학 공부를 할 수 있었던 것은 아버지의 후배이신 고려대학교 김명륜 교수님의 배려 덕분이다. 김 교수님이 언니의 사정을 봐주셔서 수업 시간을 조정하는 것에서부터 언니에게 큰 힘이 되어 주셨다.

문경 언니도 서울대학교에 미련은 컸겠지만 아버지가 계시던 동국대학교에 4년 장학금을 받고 갔고, 2년 후엔 효경 언니도 고려대학교에 들어가서 장학금을 받아 등록금에 보태면서 공부를 했다. 그리고 미경 언니가 은행에 다니면서 우리 집엔 많은 도움이 되었다.

문경 언니는 대학을 수석으로 졸업하고 서울대학교대학원에서

석사 과정을 마치고 미국 유학을 다녀온 후 한양대학교에서 자리를 잡았는데, 이때도 김명륜 교수님이 큰 도움을 주셨다. 결국 두 언니는 아버지가 생전에 이뤄놓고 가신 좋은 인연들의 호의를 많이 받은 것이다.

아버지가 세 번째 수술을 받으셨을 때도 어머니는 아버지가 아시는 분에게 도움을 받았다. 병원 현관 앞에서 쪼그리고 앉아서 한바탕 울다가 퉁퉁 부은 얼굴로 어머니가 병실에 들어가셨을 때, 쇠약해지신 아버지가 힘없이 종이를 건네셨다고 한다.

"상업은행 ○○지점에 가서 그 사람 만나봐. 같은 은행에 있었으니 저당 잡아줄 거요."

엄마는 다음 날로 상업은행으로 가서 그 분을 만났다. 그 분은 아버지가 쓴 글을 읽고 그 자리에서 집을 담보로 거금을 대출해 줬고, 어머니는 아버지 수술비 걱정을 덜 수 있었다.

어머니는 아버지가 살아계실 때는 부부간에 농담이나 우스갯소리도 없고 공부만 해서 좀 미웠다고 하신다.

어머니는 말씀하신다.

"자기가 말한 것은 그대로 지키셨다. 남이 안 그러면 불호령이 떨어졌지만, 자신의 책임감과 성실함에선 무서우리만치 냉정하신 양반이었다."

더구나 먼저 가버리는 바람에 혼자 힘들게 살아내야 했지만, 아버지한테 원망스러운 건 없다는 어머니. 당신 인연으로 우리 가족들이 어려운 고비를 넘길 수 있게 다 해주고 가셨으니, 고맙다고 하신다.

불경에 보면 이런 말이 있다.

"내가 잘한 것, 내가 못 받으면 자식이 받는다."

아버지는 일찍 가셨지만, 남은 우리 가족들은 아버지가 성실하게 맺으셨던 인연들의 도움을 많이 받았다.

미경 언니는 대학을 졸업하고 나서 계속 은행에 다녔고, 문경 언니는 서울대학교대학원에 가서도 아르바이트를 하면서 공부했고, 효경 언니도 장학금을 받아 학비에 보태면서 공부하면서 고려대학교를 졸업하고 외국계 은행에 들어갔다. 어머니도 교장으로 승진하셨고, 우리 집 가정 형편도 그때쯤은 많이 좋아졌다.

언니들도 그렇지만 나도 대학에 들어가서는 아르바이트를 하면서 공부했다. 난 막내라 내가 대학생이 되었을 땐 우리 집 형편이 좋아져서 굳이 아르바이트를 할 필요가 없었다. 하지만 언니들이 하는 걸 봐왔고, 무엇보다도 아버지가 생전에 열심히 사시는 걸 보고 자랐기에 그것이 당연하다고 생각했다.

**에필로그**

## 아버지, 당신은 참으로 위대하십니다

"당신은 누굴 가장 사랑하는가, 누굴 가장 존경하는가?"

간혹 이런 질문을 받게 되는데, 그때마다 제 입에서 나오는 말은 한결같습니다.

"아버지. 이 세상에서뿐 아니라 제가 저 세상에 가더라도 가장 사랑하고 존경할 분은 우리 아버지입니다."

나이 50이 가까운 여자의 대답치곤 의외라는 듯이, 묻는 이들은 내심 놀라는 눈치입니다.

50여 년을 살아오는 동안 좌절하고 방황할 때 비틀거리던 저를 곧게 세워주시고, 슬쩍 몸을 사리고 좀 더 편안한 삶을 살고 싶다는 나약한 마음이 들 때 제게 힘을 불어넣어 주고 다독거려 주기도 하는, 수호천사 같은 분. 더 나아가 어른의 삶이, 가정을 꾸리고 직업을 가진 성인의 삶이 어떠해야 하는가를 몸소 보여줌으로써 젊어 미숙했던 제가 그분을 닮기 위해 애쓰는 과정에서 조금씩 진짜 어른이 되어가도록 역할 모델이, 멘터가 되어준 분.

제겐 우리 아버지가 바로 그런 분입니다. 그러므로 지금까지 저는 50여 년을 아버지와 함께 살아왔다고 할 수 있습니다.

아버지 회고록 간행을 40주기 기일을 넘기게 된 데에는 도저히 완성할 수 없는 아픔이 있었습니다. 아버지 회고록을 같이 준비하며 그렇게도 좋아했던 오빠. 40년 동안 저희들을 기다리기 너무 외로우셔서 당신의 하나밖에 없는 외아들을 그렇게 빨리 데려가신 것일까요? 저를 이 세상에 낳으신 건 평생 몸이 불편한 오빠를 보살피고 돌보라는 뜻이라고 생각했는데, 그 뜻을 제가 제대로 따르지 못했기 때문일까요?

이 나라에서 장애인으로 산다는 것이 얼마나 어려운 일인지요. 본인에게나 가족에게나 뼈를 깎는 아픔입니다.

오빠는 아버지 뜻을 따라 누구보다도 열심히 참고 인내하며 노력하여 대학 교수가 되었고, 아버지 아들답게 밤을 새워가며 연구와 일에 몰두했습니다. 보통 사람도 견딜 수 없는 삼복더위에도 절대로 벗을 수 없는 고무 보조기를 하고 말이지요. 한국과학기술원에 있을 때는 밤을 새워가며 연구에 몰두하였고, 동명대학교에서는 몇 시간씩 서서 학생들을 가르치고 밤에는 연구에 몰두했습니다. 그러면서도 항상 하나밖에 없는 동생인 저를 더 걱정하며 밤늦은 시간에 통화를 하곤 했습니다. 밥은 먹었는지, 잠은 잘 자는지, 아픈 데는 없는지 묻고, 쉬어가며 일하라고요.

이제 그 목소리도 더 이상은 들을 수가 없습니다. 그래도 두 달 중환자실에 있으면서 함께 얼굴을 볼 수 있었네요. 살아 있는 얼굴을 보는 것만으로도 제게 힘을 준 오빠. 마지막 두 달만이라도 오빠를 위해 제가 무엇인가를 할 수 있게 해주신 것, 그 모든 것이 아버지의 뜻이고 사랑이라고 생각합니다.
　아버지, 나중에 아버지를 뵐 때 제가 할 일을 다 못했다고, 최선을 다하지 않았다고 꾸짖지는 말아주십시오. 아버지를 뵙고 싶은 그리움에 가슴이 미어지도록 사무칩니다.

　아버지, 당신은 참으로 위대하십니다. 그리고 감사합니다.
　저를 아버지의 딸로 태어나게 해주신 것, 그것이 제게는 최대의 행운입니다.

# 가림출판사·가림M&B·가림Let's에서 나온 책들

##  문 학

**바늘구멍**
켄 폴리트 지음 / 홍영의 옮김 / 신국판 / 342쪽 / 5,300원

**레베카의 열쇠**
켄 폴리트 지음 / 손연숙 옮김 / 신국판 / 492쪽 / 6,800원

**암병선**
니시무라 쥬코 지음 / 홍영의 옮김 / 신국판 / 300쪽 / 4,800원

**첫키스의 얘기 말해도 될까**
김정미 외 7명 지음 / 신국판 / 228쪽 / 4,000원

**사미인곡 上·中·下**
김충호 지음 / 신국판 / 각 권 5,000원

**이내의 끝자리**
박수완 스님 지음 / 국판변형 / 132쪽 / 3,000원

**너는 왜 나에게 다가서야 했는지**
김충호 지음 / 국판변형 / 124쪽 / 3,000원

**세계의 명언**
편집부 엮음 / 신국판 / 322쪽 / 5,000원

**여자가 알아야 할 101가지 지혜**
제인 아서 엮음 / 지창국 옮김 / 4×6판 / 132쪽 / 5,000원

**현명한 사람이 읽는 지혜로운 이야기**
이정민 엮음 / 신국판 / 236쪽 / 6,500원

**성공적인 표정이 당신을 바꾼다**
마츠오 도오루 지음 / 홍영의 옮김 / 신국판 / 240쪽 / 7,500원

**태양의 법**
오오카와 류우호오 지음 / 민병수 옮김 / 신국판 / 246쪽 / 8,500원

**영원의 법**
오오카와 류우호오 지음 / 민병수 옮김 / 신국판 / 240쪽 / 8,000원

**석가의 본심**
오오카와 류우호오 지음 / 민병수 옮김 / 신국판 / 246쪽 / 10,000원

**옛 사람들의 재치와 웃음**
강형중·김경익 편저 / 신국판 / 316쪽 / 8,000원

**지혜의 쉼터**
쇼펜하우어 지음 / 김충호 엮음 / 4×6판 양장본 / 160쪽 / 4,300원

**헤세가 너에게**
헤르만 헤세 지음 / 홍영의 엮음 / 4×6판 양장본 / 144쪽 / 4,500원

**사랑보다 소중한 삶의 의미**
크리슈나무르티 지음 / 최윤영 엮음 / 신국판 / 180쪽 / 4,000원

**장자-어찌하여 알 속에 털이 있다 하는가**
홍영의 엮음 / 4×6판 / 180쪽 / 4,000원

**논어-배우고 때로 익히면 즐겁지 아니한가**
신도희 엮음 / 4×6판 / 180쪽 / 4,000원

**맹자-가까이 있는데 어찌 먼 데서 구하려 하는가**
홍영의 엮음 / 4×6판 / 180쪽 / 4,000원

**아름다운 세상을 만드는 사랑의 메시지 365**
DuMont monte Verlag 엮음 / 정성호 옮김
4×6판 변형 양장본 / 240쪽 / 8,000원

**황금의 법**
오오카와 류우호오 지음 / 민병수 옮김 / 신국판 / 320쪽 / 12,000원

**왜 여자는 바람을 피우는가?**
기젤라 룬테 지음 / 김현성·진정미 옮김 / 국판 / 200쪽 / 7,000원

**세상에서 가장 아름다운 선물**
김인자 지음 / 국판변형 / 292쪽 / 9,000원

**수능에 꼭 나오는 한국 단편 33**
윤종필 엮음 / 신국판 / 704쪽 / 11,000원

**수능에 꼭 나오는 한국 현대 단편 소설**

윤종필 엮음 및 해설 / 신국판 / 364쪽 / 11,000원

**수능에 꼭 나오는 세계단편(영미권)**
지창영 옮김 / 윤종필 엮음 및 해설 / 신국판 / 328쪽 / 10,000원

**수능에 꼭 나오는 세계단편(유럽권)**
지창영 옮김 / 윤종필 엮음 및 해설 / 신국판 / 360쪽 / 11,000원

**대왕세종 1·2·3**
박충훈 지음 / 신국판 / 각 권 9,800원

**세상에서 가장 소중한 아버지의 선물**
최은경 지음 / 신국판 / 144쪽 / 9,500원

##  건 강

**아름다운 피부미용법**
이순희(한독피부미용학원 원장) 지음 / 신국판 / 296쪽 / 6,000원

**버섯건강요법**
김병각 외 6명 지음 / 신국판 / 286쪽 / 8,000원

**성인병과 암을 정복하는 유기게르마늄**
이상현 편저 / 카오 샤오이 감수 / 신국판 / 312쪽 / 9,000원

**난치성 피부병**
생약효소연구원 지음 / 신국판 / 232쪽 / 7,500원

**新 방약합편**
정도명 편역 / 신국판 / 416쪽 / 15,000원

**자연치료의학**
오홍근(신경정신과 의학박사·자연의학박사) 지음
신국판 / 472쪽 / 15,000원

**약초의 활용과 가정한방**
이인성 지음 / 신국판 / 384쪽 / 8,500원

**역전의학**
이시하라 유미 지음 / 유태종 감수 / 신국판 / 286쪽 / 8,500원

**이순희식 순수피부미용법**
이순희(한독피부미용학원 원장) 지음 / 신국판 / 304쪽 / 7,000원

**21세기 당뇨병 예방과 치료법**
이현철(연세대 의대 내과 교수) 지음 / 신국판 / 360쪽 / 9,500원

**신재용의 민의학 동의보감**

신재용(해성한의원 원장) 지음 / 신국판 / 476쪽 / 10,000원

**치매 알면 치매 이긴다**
배오성(백상한방병원 원장) 지음 / 신국판 / 312쪽 / 10,000원

**21세기 건강혁명 밥상 위의 보약 생식**
최경순 지음 / 신국판 / 348쪽 / 9,800원

**기치유와 기공수련**
윤한홍(기치유 연구회 회장) 지음 / 신국판 / 340쪽 / 12,000원

**만병의 근원 스트레스 원인과 퇴치**
김지혁(김지혁한의원 원장) 지음 / 신국판 / 324쪽 / 9,500원

**김종성 박사의 뇌졸중 119**
김종성 지음 / 신국판 / 356쪽 / 12,000원

**탈모 예방과 모발 클리닉**
장정훈·전재홍 지음 / 신국판 / 252쪽 / 8,000원

**구태규의 100% 성공 다이어트**
구태규 지음 / 4×6배판 변형 / 240쪽 / 9,900원

**암 예방과 치료법**
이춘기 지음 / 신국판 / 296쪽 / 11,000원

**알기 쉬운 위장병 예방과 치료법**
민영일 지음 / 신국판 / 328쪽 / 9,900원

**이온 체내혁명**
노보루 야마노이 지음 / 김병관 옮김 / 신국판 / 272쪽 / 9,500원

**어혈과 사혈요법**
정지천 지음 / 신국판 / 308쪽 / 12,000원

**약손 경락마사지로 건강미인 만들기**
고정환 지음 / 4×6배판 변형 / 284쪽 / 15,000원

**정유정의 LOVE DIET**
정유정 지음 / 4×6배판 변형 / 196쪽 / 10,500원

**머리에서 발끝까지 예뻐지는 부분다이어트**
신상만 · 김선민 지음 / 4×6배판 변형 / 196쪽 / 11,000원

**알기 쉬운 심장병 119**
박승정 지음 / 신국판 / 248쪽 / 9,000원

**알기 쉬운 고혈압 119**
이정균 지음 / 신국판 / 304쪽 / 10,000원

**여성을 위한 부인과질환의 예방과 치료**
차선희 지음 / 신국판 / 304쪽 / 10,000원

**알기 쉬운 아토피 119**
이승규 · 임승엽 · 김문호 · 안유일 지음 / 신국판 / 232쪽 / 9,500원

**120세에 도전한다**
이권행 지음 / 신국판 / 308쪽 / 11,000원

**건강과 아름다움을 만드는 요가**
정판식 지음 / 4×6배판 변형 / 224쪽 / 14,000원

**우리 아이 건강하고 아름다운 롱다리 만들기**
김성훈 지음 / 대국전판 / 236쪽 / 10,500원

**알기 쉬운 허리디스크 예방과 치료**
이종서 지음 / 대국전판 / 336쪽 / 12,000원

**소아과 전문의에게 듣는 알기 쉬운 소아과 119**
신영규 · 이강우 · 최성항 지음 / 4×6배판 변형 / 280쪽 / 14,000원

**피가 맑아야 건강하게 오래 살 수 있다**
김영찬 지음 / 신국판 / 256쪽 / 10,000원

**웰빙형 피부 미인을 만드는 나만의 셀프 피부건강**
양해원 지음 / 대국전판 / 144쪽 / 10,000원

**내 몸을 살리는 생활 속의 웰빙 항암 식품**
이승남 지음 / 대국전판 / 256쪽 / 9,800원

**마음한글, 느낌한글**
박완식 지음 / 4×6배판 / 300쪽 / 15,000원

**웰빙 동의보감식 발마사지 10분**
최미희 지음 / 신재용 감수 / 4×6배판 변형 / 204쪽 / 13,000원

**아름다운 몸, 건강한 몸을 위한 목욕 건강 30분**
임하성 지음 / 대국전판 / 176쪽 / 9,500원

**내가 만드는 한방생주스 60**
김영섭 지음 / 국판 / 112쪽 / 7,000원

**몸을 살리는 건강식품**
백은희 · 조창호 · 최양진 지음 / 신국판 / 384쪽 / 11,000원

**건강도 키우고 성적도 올리는 자녀 건강**
김진돈 지음 / 신국판 / 304쪽 / 12,000원

**알기 쉬운 간질환 119**
이관식 지음 / 신국판 / 264쪽 / 11,000원

**밥으로 병을 고친다**
허봉수 지음 / 대국전판 / 352쪽 / 13,500원

**알기 쉬운 신장병 119**
김형규 지음 / 신국판 / 240쪽 / 10,000원

**마음의 감기 치료법 우울증 119**
이민수 지음 / 대국전판 / 232쪽 / 9,800원

**관절염 119**
송영욱 지음 / 대국전판 / 224쪽 / 9,800원

**내 딸을 위한 미성년 클리닉**
강병문 · 이향아 · 최정원 지음 / 국판 / 148쪽 / 8,000원

**암을 다스리는 기적의 치유법**
케이 세이헤이 감수 · 카와키 나리카즈 지음 / 민병수 옮김
신국판 / 256쪽 / 9,000원

**스트레스 다스리기**
대한불안장애학회 스트레스관리연구특별위원회 지음
신국판 / 304쪽 / 12,000원

**천연 식초 건강법** 건강식품연구회 엮음 / 신재용(해성한의원 원장) 감수
신국판 / 252쪽 / 9,000원

**암에 대한 모든 것**
서울아산병원 암센터 지음 / 신국판 / 360쪽 / 13,000원

**알록달록 컬러 다이어트**
이승남 지음 / 국판 / 248쪽 / 10,000원

**당신도 부모가 될 수 있다**
정병준 지음 / 신국판 / 268쪽 / 9,500원

**키 10cm 더 크는 키네스 성장법** 김양수 · 이종균 · 최형규 · 표재환 · 김문희 지음
대국전판 / 312쪽 / 12,000원

**당뇨병 백과**
이현철 · 송영득 · 안철우 지음 / 4×6배판 변형 / 396쪽 / 16,000원

**호흡기 클리닉 119**
박성학 지음 / 신국판 / 256쪽 / 10,000원

**키 쑥쑥 크는 롱다리 만들기**
롱다리 성장클리닉 원장단 지음 / 4×6배판 변형 / 256쪽 / 11,000원

**내 몸을 살리는 건강식품**
백은희 · 조창호 · 최양진 지음 / 신국판 / 368쪽 / 11,000원

## 교 육

**우리 교육의 창조적 백색혁명**
원상기 지음 / 신국판 / 206쪽 / 6,000원

**현대생활과 체육**
조창남 외 5명 공저 / 신국판 / 340쪽 / 10,000원

**퍼펙트 MBA** IAE유학네트 지음 / 신국판 / 400쪽 / 12,000원

**유학길라잡이 I - 미국편**
IAE유학네트 지음 / 4×6배판 / 372쪽 / 13,900원

**유학길라잡이 II - 4개국편**
IAE유학네트 지음 / 4×6배판 / 348쪽 / 13,900원

**조기유학길라잡이.com**
IAE유학네트 지음 / 4×6배판 / 428쪽 / 15,000원

**현대인의 건강생활**
박상호 외 5명 공저 / 4×6배판 / 268쪽 / 15,000원

**천재아이로 키우는 두뇌훈련**
나카마츠 요시로 지음 / 민병수 옮김 / 국판 / 288쪽 / 9,500원

**두뇌혁명**
나카마츠 요시로 지음 / 민병수 옮김 / 4×6판 양장본 / 288쪽 / 12,000원

**테마별 고사성어로 익히는 한자**
김경익 지음 / 4×6배판 변형 / 248쪽 / 9,800원

**生생 공부비법** 이은승 지음 / 대국전판 / 272쪽 / 9,500원

**자녀를 성공시키는 습관만들기**
배은경 지음 / 대국전판 / 232쪽 / 9,500원

**한자능력검정시험 1급**
한자능력검정시험연구위원회 편저 / 4×6배판 / 568쪽 / 21,000원

**한자능력검정시험 2급**
한자능력검정시험연구위원회 편저 / 4×6배판 / 472쪽 / 18,000원

**한자능력검정시험 3급(3급 II)**
한자능력검정시험연구위원회 편저 / 4×6배판 / 440쪽 / 17,000원

**한자능력검정시험 4급(4급 II)**
한자능력검정시험연구위원회 편저 / 4×6배판 / 352쪽 / 15,000원

**한자능력검정시험 5급**
한자능력검정시험연구위원회 편저 / 4×6배판 / 264쪽 / 11,000원

**한자능력검정시험 6급**
한자능력검정시험연구위원회 편저 / 4×6배판 / 168쪽 / 8,500원

**한자능력검정시험 7급**
한자능력검정시험연구위원회 편저 / 4×6배판 / 152쪽 / 7,000원

**한자능력검정시험 8급**
한자능력검정시험연구위원회 편저 / 4×6배판 / 112쪽 / 6,000원

**볼링의 이론과 실기** 이택상 지음 / 신국판 / 192쪽 / 9,000원

**고사성어로 끝내는 천자문**
조준상 글 · 그림 / 4×6배판 / 216쪽 / 12,000원

**내 아이 스타 만들기**
김민성 지음 / 신국판 / 200쪽 / 9,000원

**교육 1번지 강남 엄마들의 수험생 자녀 관리**
황송주 지음 / 신국판 / 288쪽 / 9,500원

**초등학생이 꼭 알아야 할 위대한 역사 상식**

우진영 · 이양경 지음 / 4×6배판 변형 / 228쪽 / 9,500원

**초등학생이 꼭 알아야 할 행복한 경제 상식**
우진영 · 전선심 지음 / 4×6배판 변형 / 224쪽 / 9,500원

**초등학생이 꼭 알아야 할 재미있는 과학상식**
우진영 · 정경희 지음 / 4×6배판 변형 / 220쪽 / 9,500원

**한자능력검정시험 3급 · 3급 II**
한자능력검정시험연구위원회 편저 / 4×6판 / 380쪽 / 7,500원

교과서 속에 꼭꼭 숨어있는 **이색박물관 체험** 이신화 지음
대국전판 / 248쪽 / 12,000원

**초등학생 독서 논술(저학년)** 책마루 독서교육연구회 지음
4×6배판 변형 / 244쪽 / 14,000원

**초등학생 독서 논술(고학년)** 책마루 독서교육연구회 지음
4×6배판 변형 / 236쪽 / 14,000원

**놀면서 배우는 경제**
김솔 지음 / 대국전판 / 196쪽 / 10,000원

**건강생활과 레저스포츠 즐기기**
강선희 외 11명 공저 / 4×6배판 / 324쪽 / 18,000원

## 취미 · 실용

김진국과 같이 배우는 **와인의 세계**
김진국 지음 / 국배판 변형양장본(올 컬러판) / 208쪽 / 30,000원

## 경제 · 경영

**CEO가 될 수 있는 성공법칙 101가지**
김승룡 편역 / 신국판 / 320쪽 / 9,500원

**정보소프트** 김승룡 지음 / 신국판 / 324쪽 / 6,000원

**기획대사전** 다카하시 겐코 지음 / 홍영의 옮김
신국판 / 552쪽 / 19,500원

**맨손창업 · 맞춤창업 BEST 74**
양혜숙 지음 / 신국판 / 416쪽 / 12,000원

**무자본, 무점포 창업! FAX 한 대면 성공한다**
다카시로 고시 지음 / 홍영의 옮김 / 신국판 / 226쪽 / 7,500원

성공하는 기업의 **인간경영** 중소기업 노무 연구회 편저 / 홍영의 옮김
신국판 / 368쪽 / 11,000원

**21세기 IT가 세계를 지배한다**
김광희 지음 / 신국판 / 380쪽 / 12,000원

**경제기사로 부자아빠 만들기**
김기태 · 신현태 · 박근수 공저 / 신국판 / 388쪽 / 12,000원

포스트 PC의 주역 **정보가전과 무선인터넷**
김광희 지음 / 신국판 / 356쪽 / 12,000원

성공하는 사람들의 **마케팅 바이블**
채수명 지음 / 신국판 / 328쪽 / 12,000원

**느린 비즈니스로 돌아가라**
사카모토 게이이치 지음 / 정성호 옮김 / 신국판 / 276쪽 / 9,000원

적은 돈으로 큰돈 벌 수 있는 **부동산 재테크**
이원재 지음 / 신국판 / 340쪽 / 12,000원

**바이오혁명**
이주영 지음 / 신국판 / 328쪽 / 12,000원

성공하는 사람들의 **자기혁신 경영기술**
채수명 지음 / 신국판 / 344쪽 / 12,000원

**CFO** 교텐 토요오 · 타하라 오키시 지음 / 민병수 옮김
신국판 / 312쪽 / 12,000원

**네트워크시대 네트워크마케팅**
임동학 지음 / 신국판 / 376쪽 / 12,000원

**성공리더의 7가지 조건**
다이앤 트레이시 · 윌리엄 모건 지음 / 지창영 옮김
신국판 / 360쪽 / 13,000원

**김종결의 성공창업**
김종결 지음 / 신국판 / 340쪽 / 12,000원

최적의 타이밍에 **내 집 마련하는 기술**
이원재 지음 / 신국판 / 248쪽 / 10,500원

**컨설팅 세일즈** Consulting sales
임동학 지음 / 대국전판 / 336쪽 / 13,000원

**연봉 10억 만들기**
김농주 지음 / 신국판 / 216쪽 / 10,000원

주5일제 근무에 따른 **한국형 주말창업**
최효진 지음 / 신국판 변형 양장본 / 216쪽 / 10,000원

**돈 되는 땅 돈 안되는 땅**
김영준 지음 / 신국판 / 320쪽 / 13,000원

**돈 버는 회사로 만들 수 있는 109가지**
다카하시 도시노리 지음 / 민병수 옮김 / 신국판 / 344쪽 / 13,000원

**프로는 디테일에 강하다**
김미현 지음 / 신국판 / 248쪽 / 9,000원

머니투데이 송복규 기자의 **부동산으로 주머니돈 100배 만들기**
송복규 지음 / 신국판 / 328쪽 / 13,000원

**성공하는 슈퍼마켓&편의점 창업**
나명환 지음 / 4×6배판 변형 / 500쪽 / 28,000원

대한민국 성공 재테크 **부동산 펀드와 리츠로 승부하라**
김영준 지음 / 신국판 / 256쪽 / 12,000원

**마일리지 200% 활용하기**
박성http지음 / 국판 변형 / 200쪽 / 8,000원

1%의 가능성에 도전, **성공 신화를 이룬 여성 CEO**
김미현 지음 / 신국판 / 248쪽 / 9,500원

**3천만 원으로 부동산 재벌 되기**
최수길 · 이숙 · 조연희 지음 / 신국판 / 290쪽 / 12,000원

**10년을 앞설 수 있는 재테크**
노동규 지음 / 신국판 / 260쪽 / 10,000원

**세계 최강을 추구하는 도요타 방식**
나카야마 키요타카 지음 / 민병수 옮김 / 신국판 / 296쪽 / 12,000원

최고의 설득을 이끌어내는 **프레젠테이션**
조두환 지음 / 신국판 / 296쪽 / 11,000원

최고의 만족을 이끌어내는 **창의적 협상**
조강희 · 조원희 지음 / 신국판 / 248쪽 / 10,000원

New 세일즈 기법 **물건을 팔지 말고 가치를 팔아라**
조기선 지음 / 신국판 / 264쪽 / 9,500원

**작은 회사는 전략이 달라야 산다**
황문진 지음 / 신국판 / 312쪽 / 11,000원

돈되는 **슈퍼마켓&편의점 창업전략**(입지 편)
나명환 지음 / 신국판 / 352쪽 / 13,000원

**25 · 35 꼼꼼 여성 재테크**
정원춘 지음 / 신국판 / 224쪽 / 11,000원

**대한민국 2030 독특하게 창업하라**
이상헌 · 이호 지음 / 신국판 / 288쪽 / 12,000원

## 주 식

**개미군단 대박맞이 주식투자**
홍성걸(한양증권 투자분석팀 팀장) 지음 / 신국판 / 310쪽 / 9,500원

알고 하자! **돈 되는 주식투자**
이길영 외 2명 공저 / 신국판 / 388쪽 / 12,500원

항상 당하기만 하는 개미들의 매도 · 매수타이밍 **999% 적중 노하우**
강경무 지음 / 신국판 / 336쪽 / 12,000원

**부자 만들기 주식성공클리닉**
이창refer 지음 / 신국판 / 372쪽 / 11,500원

**선물 · 옵션 이론과 실전매매**
이창희 지음 / 신국판 / 372쪽 / 12,000원

**너무나 쉬워 재미있는 주가차트**
홍성무 지음 / 4×6판 / 216쪽 / 15,000원

**주식투자 직접 투자로 높은 수익을 올릴 수 있는 비결**
김학균 지음 / 신국판 / 230쪽 / 11,000원

## 처 세

**성공적인 삶을 추구하는 여성들에게 우먼파워**
조안 커너 · 모이라 레이너 공저 / 지창영 옮김
신국판 / 352쪽 / 8,800원

**聽 이익이 되는 말 話 손해가 되는 말**
우메시마 미요 지음 / 정성호 옮김 / 신국판 / 304쪽 / 9,000원

**부자들의 생활습관 가난한 사람들의 생활습관**
다케우치 야스오 지음 / 홍영의 옮김 / 신국판 / 320쪽 / 9,800원

**코끼리 귀를 당긴 원숭이 – 히딩크식 창의력을 배우자**
강충인 지음 / 신국판 / 208쪽 / 8,500원

**성공하려면 유머와 위트로 무장하라**
민영욱 지음 / 신국판 / 292쪽 / 9,500원

**등소평의 오뚝이전략**
조창남 편저 / 신국판 / 304쪽 / 9,500원

**노무현 화술과 화법을 통한 이미지 변화**
이현정 지음 / 신국판 / 320쪽 / 10,000원

**성공하는 사람들의 토론의 법칙**
민영욱 지음 / 신국판 / 280쪽 / 9,500원

**사람은 칭찬을 먹고산다**
민영욱 지음 / 신국판 / 268쪽 / 9,500원

**사과의 기술**
김농주 지음 / 신국판 변형 양장본 / 200쪽 / 10,000원

**취업 경쟁력을 높여라**
김농주 지음 / 신국판 / 280쪽 / 12,000원

**유비쿼터스시대의 블루오션 전략**
최양진 지음 / 신국판 / 248쪽 / 10,000원

**나만의 블루오션 전략 - 화술편**
민영욱 지음 / 신국판 / 254쪽 / 10,000원

**희망의 씨앗을 뿌리는 20대를 위하여**
우광균 지음 / 신국판 / 172쪽 / 8,000원

**끌리는 사람이 되기위한 이미지 컨설팅**
홍순아 지음 / 대국전판 / 194쪽 / 10,000원

**글로벌 리더의 소통을 위한 스피치**
민영욱 지음 / 신국판 / 328쪽 / 10,000원

## 명 상

**명상으로 얻는 깨달음**
달라이 라마 지음 / 지창영 옮김 / 국판 / 320쪽 / 9,000원

## 레포츠

**수열이의 브라질 축구 탐방 삼바 축구, 그들은 강하다**
이수열 지음 / 신국판 / 280쪽 / 8,500원

**마라톤, 그 아름다운 도전을 향하여**
빌 로저스 · 프리실라 웰치 · 조 헨더슨 공저 /
오인환 감수 / 지창영 옮김 / 4×6배판 / 320쪽 / 15,000원

**퍼팅 메커닉**
이근택 지음 / 4×6배판 변형 / 192쪽 / 18,000원

**아마골프 가이드**
정영호 지음 / 4×6배판 변형 / 216쪽 / 12,000원

**인라인스케이팅 100%즐기기**
임미숙 지음 / 4×6배판 변형 / 172쪽 / 11,000원

**배스낚시 테크닉**
이종건 지음 / 4×6배판 / 440쪽 / 20,000원

**나도 디지털 전문가 될 수 있다!!!**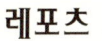
이승훈 지음 / 4×6배판 / 320쪽 / 19,200원

**스키 100% 즐기기**
김동환 지음 / 4×6배판 변형 / 184쪽 / 12,000원

**태권도 총론**
하웅의 지음 / 4×6배판 / 288쪽 / 15,000원

**건강하고 아름다운 동양란 기르기**
난마을 지음 / 4×6배판 변형 / 184쪽 / 12,000원

**수영 100% 즐기기**
김종만 지음 / 4×6배판 변형 / 248쪽 / 13,000원

**애완견114**
황양원 엮음 / 4×6배판 변형 / 228쪽 / 13,000원

**건강을 위한 웰빙 걷기**
이강옥 지음 / 대국판 / 280쪽 / 10,000원

**우리 땅 우리 문화가 살아 숨쉬는 옛터**
이형권 지음 / 대국전판 올컬러 / 208쪽 / 9,500원

**아름다운 산사**
이형권 지음 / 대국전판 올컬러 / 208쪽 / 9,500원

**골프 100타 깨기**
김준모 지음 / 4×6배판 변형 / 136쪽 / 10,000원

**쉽고 즐겁게! 신나게! 배우는 재즈댄스**
최재선 지음 / 4×6배판 변형 / 200쪽 / 12,000원

**맛과 멋이 있는 낭만의 카페**
박성찬 지음 / 대국전판 올컬러 / 168쪽 / 9,900원

**한국의 숨어 있는 아름다운 풍경**
이종원 지음 / 대국전판 올컬러 / 208쪽 / 9,900원

**사람이 있고 자연이 있는 아름다운 명산**
박기성 지음 / 대국전판 올컬러 / 176쪽 / 12,000원

**마음의 고향을 찾아가는 여행 포구**
김인자 지음 / 대국전판 올컬러 / 224쪽 / 14,000원

**골프 90타 깨기**
김광섭 지음 / 4×6배판 변형 / 148쪽 / 11,000원

**생명이 살아 숨쉬는 한국의 아름다운 강**
민병준 지음 / 대국전판 올컬러 / 168쪽 / 12,000원

**틈나는 대로 세계여행**
김재관 지음 / 4×6배판 변형 올컬러 / 368쪽 / 20,000원

**KLPGA 최여진 프로의 센스 골프**
최여진 지음 / 4×6배판 변형 올컬러 / 192쪽 / 13,900원

**해양스포츠 카이트보딩**
김남용 편저 / 신국판 올컬러 / 152쪽 / 18,000원

**KTPGA 김준모 프로의 파워 골프**
김준모 지음 / 4×6배판 변형 올컬러 / 192쪽 / 13,900원

**골프 80타 깨기**
오태준 지음 / 4×6배판 변형 / 132쪽 / 10,000원

**신나는 골프 세상**
유응열 지음 / 4×6배판 변형 올컬러 / 232쪽 / 16,000원

**풍경 속을 걷는 즐거움 명상 산책**
김인자 지음 / 대국전판 올컬러 / 224쪽 / 14,000원

**이신 프로의 더 퍼펙트**
이신 지음 / 국배판 / 336쪽 / 28,000원

**주니어출신 박영진 프로의 주니어골프**
박영진 지음 / 4×6배판 변형 올컬러 / 164쪽 / 11,000원

**골프손자병법**
유응열 지음 / 4×6배판 변형 올컬러 / 212쪽 / 16,000원

**3.3.7 세계여행**
김완수 지음 / 4×6배판 변형 올컬러 / 280쪽 / 12,900원

**박영진 프로의 주말 골퍼 100타 깨기**
박영진 지음 / 4×6배판 변형 올컬러 / 160쪽 / 12,000원

## 여성실용

**결혼준비, 이제 놀이가 된다** 김창규 · 김수경 · 김정철 지음
4×6배판 변형 올컬러 / 230쪽 / 13,000원

세상에서 가장 소중한
## 아버지의 선물

2008년 1월 25일 제1판 1쇄 발행

지은이/최은경
펴낸이/강선희
펴낸곳/가림출판사

등록/1992. 10. 6. 제4-191호
주소/서울시 광진구 구의동 57-71 부원빌딩 4층
대표전화/458-6451   팩스/458-6450
홈페이지/ www.galim.co.kr
전자우편/ galim@galim.co.kr

값 9,500원

ⓒ 최은경, 2008

저자와의 협의하에 인지를 생략합니다.

불법복사는 지적재산을 훔치는 범죄행위입니다.
저작권법 제97조의 5(권리의 침해죄)에 따라 위반자는 5년 이하의 징역
또는 5천만 원 이하의 벌금에 처하거나 이를 병과할 수 있습니다.

ISBN 978-89-7895-286-6  03800

가림출판사 · 가림M&B · 가림Let's의 홈페이지(http://www.galim.co.kr)에 늘 어오시면 가림출판사 · 가림M&B · 가림Let's의 신간도서 및 출간 예정 도서를 포함한 모든 책들을 만나실 수 있습니다.
온라인 서점을 통하여 직접 도서 구입도 하실 수 있으며 가림 홈페이지 내에서 전국 대형 서점들의 사이트에 링크하시어 종합 신간 안내 및 각종 도서 정보, 책과 관련된 문화 정보를 받아보실 수 있습니다.
또한 홈페이지 방문시 회원으로 가입하시면 신간 안내 자료를 보내드립니다.